완성판 손금풀이

저작권 명시(2003년도 부터) ___

이 책에 실려있는 손금 그림 및 손금명칭과 표현방식 및 사용용어 등은 창작물이므로, 무단 전재 및 복제 등을 금합니다. 사용할 경우에는 저자의 서면 허락을 받아야 합니다.

완성판
손금풀이

초판 1쇄 인쇄일	2022년 11월 10일
초판 1쇄 발행일	2022년 11월 15일
지은이	손도사
펴낸이	최길주
펴낸곳	도서출판 BG북갤러리
등록일자	2003년 11월 5일(제318-2003-000130호)
주소	서울시 영등포구 국회대로72길 6, 405호(여의도동, 아크로폴리스)
전화	02)761-7005(代)
팩스	02)761-7995
홈페이지	http://www.bookgallery.co.kr
E-mail	cgjpower@hanmail.net

ⓒ 손도사, 2022

ISBN 978-89-6495-255-9 03180

성공·출세·부자 안내서

완성판 **Palmistry**

손금풀이

손금 세계 1등 종합운명진단가 **손도사** 著

B⁞G 북갤러리

책 소개 글

　이 세상에 태어나 '손재찬' 이름 석 자가 오랜 세월 동안 남겨지게 될 만한 위대한 업적으로 개인들 및 인류발전을 위해서 세계인 공통적용의 '손도사 손금풀이'를 남기려 합니다…….

　사람의 운명은 섭리작용으로 100% 타고나고, 손금과 사주에 100% 나타나 있고, 타고난 운명과 예정된 운(運)을 알면 모두가 잘살게 됩니다.

　사람의 운명표시 '손금'은 각자 전생(前生) 때의 인과 및 습성과 부모의 핏줄내림유전성으로 태어날 때부터 약 7개에서 100개 이상까지 생겨지고, 운(運) 변화에 따라 조금씩 달라지며 민감하고 복잡한 정신 활동을 하는 사람에게는 손금이 많이 생겨지고, 둔감하고 단순한 육체활동을 하는 사람에게는 손금이 적게 생겨집니다.

　손금은 본질 및 본능 구별을 위해 손바닥을 8구역으로 나누고, 기본 3대 선과 운세를 나타내는 세로 4대 선을 합하여 필수 '7대 기본손금'이 가장 중요하고, 손금선의 종류는 24가지로 분류하며, 손금은 생겨있는 부위와 뻗치는 방향 및 출발점과 도착점 그리고 길이와 굵기 및 개수 등 다양한 모양들에 따라서 사람 개인들의 타고난 천성적 기질 · 소질 · 체질 · 지능 · 재능 · 성격 · 강점 · 약점 · 장점 · 단점 · 특성 · 질병 · 수명과 약 100가지의 개인들 운(運)을 100% 정확하게 나타내 줍니다.

특히, 손도사의 '손금풀이'는 개인들이 타고난 천성적 기질 · 소질 · 재능발견과 약 100가지의 운(運)을 100% 정확히 가르쳐 주면서 학생들과 어른들 '공부와 직업'의 적합성 검사 및 진로선택과 성공 · 출세 · 부자 안내를 정확히 가르쳐 줍니다.

이 책《완성판 손금풀이》는 코로나19 펜데믹 재앙 때인 지난 30년 이상 사람의 '운명학'을 연구해 오고 또한 10만 명 이상 사람들의 사주 · 얼굴 · 손금 등을 '비교분석'으로 운명진단 및 인생상담을 직접 해 오면서 정확성이 '검증'된 '손도사 손금풀이'의 완성판입니다.

손도사《완성판 손금풀이》는 코로나19 팬데믹 재앙 때인 2020년 3월부터 2022년 10월까지 구글 · 유튜브 · 네이버 등에 직접제작, 방송한 손금풀이 동영상 130개와 2003년도부터 직접저술 출간한 손도사 손금풀이 책 7권을 '종합편집'해서 엄청난 내용으로 완성을 이룬 최종판입니다.

이러한 사실과 진실을 근거로 하여 손금풀이 세계 1등 손도사가 100% 정확한《완성판 손금풀이》를 세상에 공개하면서 모두가 잘사는 귀중한 '운명정보'를 제공해 드립니다.

성공 · 출세 · 부자 안내서《완성판 손금풀이》를 진심으로 추천합니다.

손금 세계 1등 종합운명진단가 손도사 씀.

차례

제1부

손도사 손금풀이
종합운명진단

1) 손금풀이의 총론 및 기본해설

   손바닥은 인체의 뇌구성 약 3억 개의 신경세포와 연결이 되어 있고, 손금은 '섭리작용'으로 어머니 뱃속에서부터 생기기 시작하고, 태어날 때부터 약 7개에서 100개 이상까지 생겨지며, 손금선의 종류는 24가지로 분류하고, 사람들의 타고난 천성적 기질 · 소질 · 체질 · 지능 · 재능 · 천재성 · 영재성 · 특성 · 개성 · 성격분석과 운(運)을 약 1,000가지 '상세운'으로 분석진단을 해서 사람 개인들에게 '인생진로 방향선택'을 잘하게 해줄 수 있고, 또한 타고난 '평생운명'을 정확히 진단을 하고, 그리고 '앞날운'을 정확히 예측해 낼 수 있습니다.

   태어날 때부터 생겨있거나 굵은 손금은 '선천운'을 나타내고, 살아가면서 생겨지거나 가느다란 손금 및 가지선들은 '변화운 및 후천운'을 나타내며, 수직손금과 상향손금 및 상향가지선은 '좋은 운'을 나타내고, 가로막은 손금 및 끊어진 손금과 하향손금 및 하향가지선 · 열십자문양 · 섬문양 등은 '나쁜 운'을 나타내며, 왼손과 오른손이 많이 다르면 선천운과 후천운의 큰 변화와 기질 및 성격 등의 다중성 및 다면성을 나타냅니다.

사람의 지문과 손금은 과학적으로 너무나 정확하다는 것을 인정하고 있고, 손금의 데이터공학은 너무나 정확하며, 《손도사 손금풀이》는 동양인 및 서양인과 세계 모든 민족 및 사람들에게 '공통적용'을 할 수 있고, 개인들의 타고난 100가지의 운(運)을 100%까지 정확히 '진단 및 감정'을 할 수 있고, 천성적으로 타고난 기질과 소질 및 재능을 일찍 발견하고 강점 및 장점을 잘 살려주면 '100% 인생성공'을 할 수 있습니다.

사실과 진실의 팩트!! 100% 정확한 이 책 세계인 공통적용의 《완성판 손금풀이》는 구글·유튜브·네이버 등에 직접제작, 방송한 손도사 손금풀이 동영상 130개와 2003년도부터 직접저술하고 출간한 손도사의 손금풀이 책 7권을 합하여 수정·보완을 하였고, 지식재산 70년 동안 독점사용의 '저작권과 상표등록'을 해놓고 이제 세계인을 상대로 손금풀이 1조~100조 원 '유료 앱' 개발과 번역 해외출판 등 특수사업을 준비하면서 파트너를 구하고 있습니다. 이 책은 그것의 핵심내용입니다.

이러한 사실과 진실을 근거로 하여 손금풀이 세계 1등 손도사가 100% 정확한 《완성판 손금풀이》를 세상에 공개하면서 모두가 잘사는 귀중한 운명정보을 제공해 드립니다…….

손도사 손금풀이 책을 보는 방법은 가장 먼저 손금풀이의 그림과 명칭들을 수차례 번갈아 보면서 이해를 하고, 순서대로 보면서 손바닥 부위별의 그림과 명칭을 꼭 기억하고, 나이예측 연령법과 기본 3대 선 및 세로 4대 선의 그림과 명칭을 이해하고 또한 다양한 손금 모양들에 따른 '기본의 미'를 반드시 이해를 하고 그리고 번호 순서대로 잘 봐주시길 바랍니다~.

손금풀이의 절대법칙!! 각각의 손금은 생겨있는 위치와 손금의 출발점 및 도착점과 뻗치는 방향 및 길이와 굵기 및 개수 등을 잘 살펴야 하고, 좋은 손금과 나쁜 손금을 정확히 '구별'을 잘해야 하며, 수직손금과 상향 손금 및 상향가지선은 '좋은 손금'이고, 가로막은 손금 및 끊어진 손금과 하향손금 및 하향가지선·열십자문양·섬문양 등은 '나쁜 손금'이며, 왼 손과 오른손이 많이 다르게 생겨있으면 기질 및 성격의 다중성과 큰 변화 운을 나타내고, 선명하고 기다랗고 개수가 많이 생겨있을수록 의미가 강 함을 꼭 참고바랍니다~.

자기 자신의 손금을 책 속의 손금과 '비교확인'을 해 보고, 손금을 제대 로 볼 수 있는 안목이 생기면 배우자와 부모님 및 자녀들, 그리고 친구 및 이해 관련이나 관심 있는 사람들의 '실제 손금'을 봐 보시길 바랍니다~.

사람을 제대로 알려면 타고난 기질·소질·본성과 운(運)을 알라!!

《손도사 손금풀이》는 인류지식유산만큼의 세상에서 가장 귀중한 책이 고, 모든 학생들과 직장인들과 어른들이 함께 '21세기 필독서'임을 꼭 전 달하면서 직접 내용을 확인해 보시길 진심으로 알려드립니다…….

2) 손도사 손금풀이의 그림과 명칭들

세계1등 손금풀이 손도사의 운명자가진단

사람의 기질·소질·재능·성격분석과 종합운명진단

세계인 공통적용 인류지식유산

G ▶ N

손도사 Q

손도사 손금풀이
SDS Palmistry
010-5105-5000

**100%
적중!**

파란색 - 좋은손금
빨간색 - 나쁜손금

Youtube https://bit.ly/2Ewr9ZT

학생들
어른들
직장인들
자영업자
기업인들
※ 모든사람

①상승출세금 ②직업운세금 ③성공행운금 ④재주사업금
⑤섬세매력금 ⑥심장감정금 ⑦절망좌절금 ⑧성급신중금
⑨공격투쟁금 ⑩손해실패금 ⑪생명끈기금 ⑫노력개운금
⑬칠성십자금 ⑭배신비관금 ⑮이별이혼금 ⑯반항저항금
⑰인내성공금 ⑱두뇌지능금 ⑲방종방탕금 ⑳모험고생금
㉑변동역마금 ㉒생명수명금 ㉓고독고립금 ㉔건강정열금

3) 손바닥 부위별 8구역의 그림과 명칭들

기질 · 소질발견 및 재능 · 성격분석과 운(運)진단

세계인 공통적용 인류지식유산

손도사손금풀이
SDS Palmistry

100% 적중

근면본능
권력본능
생산본능
소유본능
저항본능
공격본능
체력본능
생각본능

1 2 3 4 5 6 7 8

손바닥 부위별 8구역의 명칭들

1. 권력구 2. 일복구 3. 성공구 4. 사업구
5. 공격구 6. 저항구 7. 체력구 8. 정신구

4) 손금풀이 나이예측 유년법의 그림과 해설

기질 · 소질발견 및 재능 · 성격분석과 운(運)진단

세계인 공통적용 인류지식유산

G ▶ N

손도사 Q

100% 적중

손도사손금풀이
SDS Palmistry

직업운세금

심장감정금

100

80

55~60

35~40

25

두뇌지능금

출발점
어린 나이 때

40

생명수명금

25

60

출발점
어린 나이 때

100

손금풀이로 사람 개인들의 운명진행을 나이 흐름의 유년법으로 판단할 때 생명수명금과 직업운세금이 가장 정확하고, 특히 직업 운세금으로 유년판단을 할 때는 두뇌지능금의 높낮이와 심장감정 금의 높낮이에 따라서 개인별은 약 5년까지 나이 차이가 있음을 꼭 참고바랍니다.

5) 기본 3대손금과 세로 4대손금의 그림과 명칭들

기질 · 소질발견 및 재능 · 성격분석과 운(運)진단

세계인 공통적용 인류지식유산

G ▶ N

손도사 Q

100% 적중

손도사손금풀이
SDS Palmistry

심장감정금

상승출세금

직업운세금

성공행운금

재주사업금

두뇌지능금

생명수명금

모든 사람에게는 검정색으로 표시한 '기본 3대손금'과 빨간색으로 표시한 '세로 4대손금'(4천왕 손금)이 가장 중요하고, 7개의 필수 기본손금은 일 · 월 · 화 · 수 · 목 · 금 · 토의 기운으로 생기며, 7개의 손금들이 기다랗게 많이 생겨있을수록 좋고 또한 '운세가 강함'을 의미합니다.

6) 직업운세금의 출발점에 따른 기본의미

기질 · 소질발견 및 재능 · 성격분석과 운(運)진단

세계인 공통적용 인류지식유산

G ▶ N

손도사 Q

손도사손금풀이
SDS Palmistry

직업운세금

100%
적중!

Youtube https://bit.ly/2Ewr9ZT

학생들
어른들
직장인들
자영업자
기업인들
※세계인모두

중지를 향해 뻗쳐오르는 여러 모양의 '직업운세금'은 근면성 · 직업운 · 직장운 · 경제활동력 · 평생운세 등을 나타내고, ⒜형은 일찍부터 생계형 평생 일 고생을, ⒝형은 가업승계 등 직업의 안정진행을, ⒞형은 일찍부터 직업의 모험고생진행을, ⒟형은 공격투쟁적 직업진행을, ⒠형은 늦게 직업운이 열림을, ⒡형은 인생중반쯤에 노력으로 직업안정이 됨을 의미합니다.

7) 성공행운금의 출발점에 따른 기본의미

기질 · 소질발견 및 재능 · 성격분석과 운(運)진단

세계인 공통적용 인류지식유산

손도사손금풀이
SDS Palmistry

성공금전금

약지

100%
적중!

Youtube https://bit.ly/2Ewr9ZT

학생들
어른들
직장인들
자영업자
기업인들
※세계인모두

약지를 향해 뻗쳐오르는 여러 모양의 '성공행운금'은 인생의 행운 · 성공운 · 금전운 · 인기운 · 명성운 · 인생만족감 등을 나타내고, Ⓐ형은 젊은 나이 때부터 큰 성공함을, Ⓑ형은 부모의 큰 도움으로 성공함을, Ⓒ형은 모험 인생과 타인들 도움으로 성공함을, Ⓓ형은 중년부터 성공함을, Ⓔ형은 인생노년에 성공함을, Ⓕ형은 인내력과 타인 도움으로 중년 이후에 성공함을 의미합니다.

8) 재주사업금의 여러 모양에 따른 기본의미

기질 · 소질발견 및 재능 · 성격분석과 운(運)진단

세계인 공통적용 인류지식유산

G ▶ N

손도사 Q

손도사손금풀이
SDS Palmistry

소지
④

재주사업금

ⓒ

Ⓑ

Ⓐ

학생들
어른들
직장인들
자영업자
기업인들
※세계인모두

100%
적중!

Youtube https://bit.ly/2Ewr9ZT

소지를 향해 뻗쳐오르는 여러 모양의 '재주사업금'은 말재주 · 특별한 재주 · 수완성 · 개성 · 지능성 · 기술성 · 과학기술 · 상재술 · 사업가 자질 · 사업운 · 재물운 등을 나타내고, Ⓐ형은 젊은 나이 때부터 자기 노력으로 평생 동안 개인사업을, Ⓑ형은 젊은 나이 때부터 우수한 재주 수완으로 개인사업을, ⓒ형은 재주 및 수완과 상재술이 좋음을 의미합니다.

9) 생명수명금의 여러 모양에 따른 기본의미

기질 · 소질발견 및 재능 · 성격분석과 운(運)진단

세계인 공통적용 인류지식유산

G ▶ N

손도사 Q

손도사손금풀이
SDS Palmistry

생명수명금

Ⓑ
Ⓒ
Ⓐ Ⓓ

100%
적중!

Youtube https://bit.ly/2Ewr9ZT

학생들
어른들
직장인들
자영업자
기업인들
※세계인모두

'생명수명금'은 체질 · 체력 · 생명력 · 수명운 · 평생건강운 등을 나타내고, Ⓐ형처럼 굵고 아주 기다란 형은 건강체질과 수명장수함을, Ⓑ형처럼 짧은 형은 길이만큼 수명단명을, Ⓒ형처럼 가느다란형은 평생 동안 병약체질을, Ⓓ형처럼 굵고 엄지 밑둥이 넓은 형은 노년까지 평생 동안 육체활동이 강함을 의미하고, 어느 중간에서 끊겨있으면 그 나이 때에 생명 위험을 예고합니다.

10) 두뇌지능금의 여러 모양에 따른 기본의미

기질 · 소질발견 및 재능 · 성격분석과 운(運)진단

세계인 공통적용 인류지식유산

G ▶ N

손도사 Q

손도사손금풀이
SDS Palmistry

두뇌지능금

C
D
B
A
E

100%
적중!

Youtube https://bit.ly/2Ewr9ZT

학생들
어른들
직장인들
자영업자
기업인들
※세계인모두

'두뇌지능금'은 두뇌 · 지능 · 소질 · 재능 · 성격 · 뇌질환 등을 나타내고, Ⓐ형처럼 기다란 형은 생각 및 두뇌력이 강함을, Ⓑ형처럼 짧은 형은 생각 및 두뇌력이 약함을, 뻗치는 방향이 Ⓒ형처럼 상향형은 물질 및 현실주의적이 강함을, Ⓓ형처럼 옆으로 직선형은 논리력과 실제 및 합리주의적이 강함을, Ⓔ형처럼 아래로 곡선형은 상상력 및 공상력과 이상주의적이 강함을 의미합니다.

11) 심장감정금의 여러 모양에 따른 기본의미

기질 · 소질발견 및 재능 · 성격분석과 운(運)진단

세계인 공통적용 인류지식유산

G ▶ N

손도사 Q

손도사손금풀이
SDS Palmistry

심장감정금

ⓒ

Ⓐ Ⓑ

Ⓓ

100%
적중!

Youtube https://bit.ly/2Ewr9ZT

학생들
어른들
직장인들
자영업자
기업인들
※세계인모두

'심장감정금'은 감정 · 애정성향 · 사랑운 · 가정운 · 심장질환 등을 나타내고, Ⓐ형처럼 기다란 형은 정신적 사랑 및 사랑감정이 강함을, Ⓑ형처럼 짧은 형은 육체적 사랑 및 사랑감정이 약함을, ⓒ형처럼 끝이 상향 및 검지와 중지 사이로 흘러들어간형은 낙천적 및 순정함을, Ⓓ형처럼 끝이 손아귀 및 엄지쪽으로 하향형은 사랑표현이 서툴고 비관적임을 의미합니다.

① 상승출세금(야망심과 적극 노력의 상향성 기질)

기질 · 소질발견 및 재능 · 성격분석과 운(運)진단

세계인 공통적용 인류지식유산

G ▶ N

손도사 Q

손도사손금풀이
SDS Palmistry

100%
적중!

Youtube https://bit.ly/2Ewr9ZT

학생들
어른들
직장인들
자영업자
기업인들
※세계인모두

①번 손금이 검지 아래에 그림처럼 1~2개가 기다랗게 생겨있으면, 강한 향상심 · 야망심 · 강한 성취욕구 · 상승운 · 출세운 · 권력운 등을 나타내는 '상향성 기질'의 좋은 손금이고, ①번 손금의 출발점이 두뇌금에서 출발형은 큰 야망심을, 생명금에서 출발형은 행동적 적극 노력을, 두 손금이 합친 금에서 출발형은 두뇌와 행동을 함께 적극 큰 상승노력을 나타냅니다.

② 직업운세금(직업운세금의 다양한 모양들)

기질 · 소질발견 및 재능 · 성격분석과 운(運)진단

세계인 공통적용 인류지식유산

G ▶ N

손도사 Q

손도사손금풀이
SDS Palmistry

학생들
어른들
직장인들
자영업자
기업인들
※세계인모두

100%
적중!

Youtube https://bit.ly/2Ewr9ZT

②번 손금은 중지손가락을 향한 '모든 손금'을 가리키고, 그림처럼 출발점과 생김새가 다양하고 직업 · 운세 · 취업운 · 일복 · 직장생활 · 퇴직운 · 경제활동력 등을 의미하는 중요한 손금이고, ②번 손금의 수직손금 및 상향손금들이 기다랗게 생겨있는 사람을 가까이하시기 바랍니다.

②번 손금이 짧거나 안 생겨있으면 '평생 동안 직업운세'가 약합니다.

②-1 직업운세금(근면성 기질-일찍부터 생계자립형)

기질 · 소질발견 및 재능 · 성격분석과 운(運)진단

세계인 공통적용 인류지식유산

손도사 손금풀이
SDS Palmistry

100%
적중!

Youtube https://bit.ly/2Ewr9ZT

학생들
어른들
직장인들
자영업자
기업인들
※세계인모두

②-1번 직업운세금이 손바닥 아래 부위 손목금 근처에서 출발하여 굵고 기다란 ⑥번 심장감정금쯤까지 그림처럼 기다랗게 생겨있으면, '근면성 기질'을 타고나 근면성실하고 일찍 어린 나이 때부터 알바 등 생계형 일 고생과 일찍부터 직장생활을 시작하게 되고, 직업운세금이 ⑥번 심장감정 금쯤 길이는 '정년직장운'을 나타냅니다.

②-2 직업운세금(늦게 직업운이 열리는 형)

기질 · 소질발견 및 재능 · 성격분석과 운(運)진단

손도사손금풀이
SDS Palmistry

세계인 공통적용 인류지식유산

G ▶ N

손도사 Q

학생들
어른들
직장인들
자영업자
기업인들
※세계인모두

100%
적중!

Youtube https://bit.ly/2Ewr9ZT

②-2번 직업운세금이 손바닥 아래쪽에는 안 생겨있고 손바닥 중간부위에서 윗쪽으로만 그림처럼 생겨있으면, 30세가 지나서 늦게 정상적인 취업 및 직장운과 경제활동운이 열리게 됨을 나타냅니다. 혹시나 ②번 손금 직업운세금이 손바닥 아랫부위에 안 생겨있거나 희미하게 생겨있는 사람은 우주자연의 '기운(氣運)'을 몸속에 넣어주면 좋습니다.

②-3 직업운세금(난폭성 기질의 직업형)

②-3번 직업운세금이 손아귀에서 출발하여 중지손가락을 향해 비스듬히 올라가는 상향금으로 그림처럼 생겨있으면, '난폭성 기질'을 타고나서 성질이 강하고, 경계심이 강하고, 공격 투쟁적인 성향으로 다툼이 따르면서 사회경제 생활을 하게 되고, 직장 및 직업운은 안정적이지 못함을 나타냅니다.

②-4 직업운세금(안정 및 가업승계 등을 받는 형)

기질 · 소질발견 및 재능 · 성격분석과 운(運)진단

세계인 공통적용 인류지식유산

G ▶ N

손도사 Q

손도사손금풀이
SDS Palmistry

100%
적중!

Youtube https://bit.ly/2Ewr9ZT

학생들
어른들
직장인들
자영업자
기업인들
※세계인모두

②-4번 직업운세금이 굵고 기다란 손금 ㉒번 생명수명금의 중간 아래 안쪽 부위에서 출발하여 중지손가락을 향해 그림처럼 상향금이 기다랗게 생겨있으면, 부모조상님과의 유대관계가 깊고 부모친족의 '가업승계' 등 안정된 인생을 살아가게 됨을 나타내는 좋은 손금이고, 짧게 생겨있으면 직업운세가 약하여 부모친족의 보살핌을 나타냅니다.

②-5 직업운세금(모험고생 및 타인 도움을 받는 형)

기질·소질발견 및 재능·성격분석과 운(運)진단

세계인 공통적용 인류지식유산

G ▶ N

손도사 Q

손도사손금풀이
SDS Palmistry

① ② ③ ④
⑥ ⑤
⑦
⑧ ⑫ ⑬ ⑮
⑨ ⑪ ⑭ ⑯
⑩ ⑰
⑱ ⑯

학생들
어른들
직장인들
자영업자
기업인들
※세계인모두

⑲

100%
적중! ㉑ ⑳

㉔ ㉓ ㉒

Youtube https://bit.ly/2Ewr9ZT

②-5번 직업운세금이 손바닥 아래 바깥쪽 부위에서 중지손가락을 향해 기다랗게 그림처럼 상향금이 쭉 벋쳐오른 모양으로 생겨있으면, 일찍부터 집을 나가 끝없는 도전으로 '모험 인생'을 살게 되고, 이성들 또는 거래처 및 구매자 등 타인들의 도움으로 크게 성공하게 됨을 나타내고 또한 예고 합니다.

②-6 직업운세금(직업의 출세권력지향형)

기질 · 소질발견 및 재능 · 성격분석과 운(運)진단

세계인 공통적용 인류지식유산

G ▶ N

손도사 Q

손도사손금풀이
SDS Palmistry

100%
적중!

Youtube https://bit.ly/2Ewr9ZT

학생들
어른들
직장인들
자영업자
기업인들
※세계인모두

②-6번 직업운세금이 중지손가락을 향해 수직금으로 굵고 기다랗게 생겨있고 그림처럼 직업운세금의 어느 중간에서 검지손가락을 향해 '상향가지선'이 생겨있으면, 직업일을 열심히 하면서 계속 사회적인 야망과 출세를 향하는 '권력 지향'의 마음과 노력이 강하고, 결국에는 출세하게 됨을 나타내고 또한 예고합니다.

②-7 직업운세금(직업의 명성재물지향형)

기질 · 소질발견 및 재능 · 성격분석과 운(運)진단

세계인 공통적용 인류지식유산

G ▶ N

손도사 Q

손도사손금풀이
SDS Palmistry

학생들
어른들
직장인들
자영업자
기업인들
※세계인모두

100%
적중!

Youtube https://bit.ly/2Ewr9ZT

②-7번 직업운세금이 중지손가락을 향해 수직금으로 굵고 기다랗게 생겨있고 그림처럼 직업운세금의 어느 중간에서 약지손가락 또는 소지손가락을 향해 '상향가지선'이 생겨있으면, 직업일을 열심히 하면서 약지를 향하면 '명성 지향'으로 살고, 소지를 향하면 오직 돈벌기 '재물지향'으로 살고, 결국에는 성공과 부자가 됨을 나타내고 또한 예고합니다.

②-8 직업운세금(직업 및 직장 자주 변동형)

기질 · 소질발견 및 재능 · 성격분석과 운(運)진단

세계인 공통적용 인류지식유산

G ▶ N
손도사 Q

손도사손금풀이
SDS Palmistry

학생들
어른들
직장인들
자영업자
기업인들
※세계인모두

100%
적중!

Youtube https://bit.ly/2Ewr9ZT

②-8번 직업운세금이 중지손가락을 향해 올라가는 중에 그림처럼 2~3 곳이 끊겨있거나 또는 벌어진 모양 및 흐리게 생겨있으면, 평생 동안 의지력과 신념이 약하고 직업운세가 약하여 직장 및 직업의 변동수가 많이 따르게 됨을 나타내고 있고, 손바닥 윗쪽에 직업운세금이 안 생겨있는 사람은 60살 이후와 노년 인생 불안정을 나타내고 예고를 합니다.

②-9 직업운세금(평생 동안 바쁘게 일 고생형)

기질 · 소질발견 및 재능 · 성격분석과 운(運)진단

세계인 공통적용 인류지식유산

G ▶ N

손도사 Q

손도사손금풀이
SDS Palmistry

① ② ③ ④
⑦ ⑥ ⑤ ⑮
⑧ ⑫ ⑯
⑬
⑨ ⑪ ⑭ ⑰
⑩ ⑱
⑲
② ②
⑳
㉔ ㉓ ㉒

100%
적중!

Youtube https://bit.ly/2Ewr9ZT

학생들
어른들
직장인들
자영업자
기업인들
※세계인모두

②-9번 직업운세금이 그림처럼 2개가 나란히 기다랗게 생겨있으면, 두 가지 종류의 일을 동시에 해낼 만큼 바쁘고 일복과 직업운세가 강함을 나타내고, 경제활동력을 나타내는 직업운세금이 그림처럼 손바닥 가운데에 아주 기다랗게 생겨있으면, 생계책임자로서 젊은 나이 때부터 늙어 죽을 때까지 '평생 일 고생'을 나타내고 또한 예고합니다.

②−10 직업운세금(자기 노력으로 중년에 성공형)

기질 · 소질발견 및 재능 · 성격분석과 운(運)진단

세계인 공통적용 인류지식유산

G ▶ N

손도사 Q

손도사손금풀이
SDS Palmistry

100%
적중!

Youtube https://bit.ly/2Ewr9ZT

학생들
어른들
직장인들
자영업자
기업인들
※세계인모두

②−10번 직업운세금이 굵은 손금 ㉒번 생명수명금의 중간지점 아래의 생명수명금에서 중지손가락을 향해 기다랗게 그림처럼 상향금이 생겨있으면, 중년 나이쯤에 후천운과 자기 노력의 대가로 대기만성 및 인생역전 등으로 '직업안정'을 이루게 되고 인생 성공하게 됨을 나타내고 또한 예고합니다.

③ 성공행운금(성공행운금의 다양한 모양들)

기질·소질발견 및 재능·성격분석과 운(運)진단

세계인 공통적용 인류지식유산

손도사손금풀이
SDS Palmistry

100%
적중!

학생들
어른들
직장인들
자영업자
기업인들
※세계인모두

③번 손금은 약지손가락을 향한 '모든 손금'을 가리키고, 그림처럼 출발점과 생김새가 다양하고 인생의 행운·성공운·현금운·금전운·낙천성·인기운·명성운·인생만족감 등을 의미하는 좋은 손금이고, ③번 성공행운금이 안 생겨있는 사람은 평생 동안 운세가 약하여 결코 성공출세와 부자가 될 수 없고, 인생만족감을 결코 느껴볼 수 없음을 예고합니다.

③-1 성공행운금(젊은 나이 때부터 성공하는 형)

기질 · 소질발견 및 재능 · 성격분석과 운(運)진단

세계인 공통적용 인류지식유산

G ▶ N

손도사 Q

손도사손금풀이
SDS Palmistry

학생들
어른들
직장인들
자영업자
기업인들
※세계인모두

100%
적중!

Youtube https://bit.ly/2Ewr9ZT

③-1번 성공행운금이 그림처럼 손바닥 아래 부위에서 출발하여 약지손 가락 쪽을 향하여 수직으로 선명하고 기다랗게 그림처럼 생겨있으면, 행 운이 따르면서 긍정성 및 낙천성으로 젊은 나이 때부터 '크게 성공'을 하게 되고, 금전운 및 명성과 명예가 따르게 되며 사람들 및 이성들로부터 인기 도 좋음을 나타내는 '행운의 손금'입니다.

③-2 성공행운금(중년 나이쯤에 성공하는 형)

③-2번 성공행운금이 ⑱번 두뇌지능금에서 출발하여 수직으로 선명하게 그림처럼 생겨있으면, 긍정성 및 낙천성을 가지고 두뇌와 예술 및 예능 등으로 젊은 나이 때부터 운이 열리고 중년 나이쯤에 성공을 하면서 명성과 인기운이 따르고 금전운도 좋음을 나타내고 또한 예고합니다.

③-3 성공행운금(인내심 및 타인 도움으로 성공하는 형)

기질 · 소질발견 및 재능 · 성격분석과 운(運)진단

세계인 공통적용 인류지식유산

G ▶ N

손도사 Q

손도사손금풀이
SDS Palmistry

① ② ③ ④ ⑤ ⑥ ⑦ ⑧ ⑨ ⑩ ⑪ ⑫ ⑬ ⑭ ⑮ ⑯ ⑰ ⑱ ⑲ ⑳ ㉑ ㉒ ㉓ ㉔

학생들
어른들
직장인들
자영업자
기업인들
※세계인모두

100%
적중!

Youtube https://bit.ly/2Ewr9ZT

③-3번 성공행운금이 손바닥 바깥쪽 중간부위 근처에서 출발하여 그림처럼 약지손가락을 향해 비스듬히 상향금으로 선명하고 기다랗게 뻗쳐오르면, 인내심으로 자기 일에 충직하면서 업무관계 및 거래처나 타인 및 귀인 도움 등으로 나이 들면서 성공하게 됨을 나타내고 또한 예고합니다.

③-4 성공행운금(노력의 결실로 늦게 성공하는 형)

기질 · 소질발견 및 재능 · 성격분석과 운(運)진단

세계인 공통적용 인류지식유산

G ▶ N

손도사 Q

손도사손금풀이
SDS Palmistry

학생들
어른들
직장인들
자영업자
기업인들
※세계인모두

100%
적중!

Youtube https://bit.ly/2Ewr9ZT

③-4번 성공행운금이 손바닥 위쪽의 굵고 기다란 ⑥번 심장감정금 위부위 약지손가락 아래에 그림처럼 1~2개가 선명하게 생겨있으면, 나이 들어가면서 성공을 하게 되고, 노력의 결실로 연금수령 · 임대수익 · 배당수익 등 현금 및 금전이 들어오면서 노년에 만족스럽게 살게 됨을 나타내고 또한 예고합니다.

③-5 성공행운금(부모친족 도움으로 큰 성공하는 형)

기질 · 소질발견 및 재능 · 성격분석과 운(運)진단

세계인 공통적용 인류지식유산

G ▶ N

손도사 Q

손도사손금풀이
SDS Palmistry

① ② ③ ④ ⑤ ⑥ ⑦ ⑧ ⑨ ⑩ ⑪ ⑫ ⑬ ⑭ ⑮ ⑯ ⑰ ⑱ ⑲ ⑳ ㉑ ㉒ ㉓ ㉔

학생들
어른들
직장인들
자영업자
기업인들
※세계인모두

100%
적중!

Youtube https://bit.ly/2Ewr9ZT

③-5번 성공행운금이 굵고 기다란 손금 ㉒번 생명수명금의 안쪽에서 출발하여 약지손가락을 향해 그림처럼 상향금이 선명하고 기다랗게 생겨있으면, 부모조상님과 유대관계가 깊고 부모친족의 큰 도움받음으로 큰 성공을 하고 부자가 됨을 나타내는 '행운의 좋은 손금'입니다. 아랫쪽에 짧게 생겨있으면 부모친족의 보살핌받음을 나타내고 또한 예고합니다.

③-6 성공행운금(타인들 도움으로 큰 성공하는 형)

기질 · 소질발견 및 재능 · 성격분석과 운(運)진단

세계인 공통적용 인류지식유산

G ▶ N

손도사 Q

손도사손금풀이
SDS Palmistry

① ② ③ ④
⑦ ⑥ ⑤ ⑮
⑧ ⑫ ⑬ ⑯
⑨ ⑪ ⑭ ⑰
⑩ ⑱
⑲
㉔ ㉓ ㉒ ㉑ ⑳

학생들
어른들
직장인들
자영업자
기업인들
※세계인모두

100%
적중!

Youtube https://bit.ly/2Ewr9ZT

③-6번 성공행운금이 손바닥 아래 부위 바깥쪽에서 출발하여 약지손가락을 향해 선명하고 기다랗게 그림처럼 상향금이 쭉 뻗쳐오른 모양으로 생겨있으면, 젊은 나이 때부터 평생 동안을 '모험 인생'으로 살게 되고, 자기 직업에 성실하면서 대중들의 인기 및 타인들 도움으로 명성과 함께 큰 성공을 하고 부자가 됨을 나타내고 또한 예고합니다.

④ 재주사업금(재주사업금의 다양한 모양들)

기질 · 소질발견 및 재능 · 성격분석과 운(運)진단

세계인 공통적용 인류지식유산

손도사손금풀이
SDS Palmistry

손도사

100%
적중!

Youtube https://bit.ly/2Ewr9ZT

학생들
어른들
직장인들
자영업자
기업인들
※세계인모두

④번 손금은 소지손가락을 향한 '모든 손금'을 가리키고, 그림처럼 출발점과 생김새가 다양하고, 말재주 · 특별한 재주 · 강한 개성 · 수완성 · 기술성 · 지능성 · 상재술 · 사업가 자질 · 사업운 · 재물운 등을 의미하는 좋은 손금이고, ④번 재주사업금이 짧거나 안 생겨있는 사람은 결코 '사업성공할 수 없음'을 예고 및 경고합니다.

④-1 재주사업금(기다란 형)

④-1번 재주사업금이 소지손가락 아래 부위에 그림처럼 중간에 끊어진 곳이 없이 선명하고 기다랗게 생겨있으면, 밀재주·특별한 재주·수완성·상재술·사업가 자질·사업운·재물운 등이 좋아서 젊은 나이 때부터 개인사업을 하고 부자가 될 수 있음을 나타내고 또한 예고합니다.

④-2 재주사업금(짧은 형)

기질·소질발견 및 재능·성격분석과 운(運)진단

세계인 공통적용 인류지식유산

G ▶ N

손도사 Q

손도사손금풀이
SDS Palmistry

100%
적중!

Youtube https://bit.ly/2Ewr9ZT

학생들
어른들
직장인들
자영업자
기업인들
※세계인모두

④-2번 재주사업금이 소지손가락 아래 부위에 그림처럼 1~2개가 짧고 선명하게 생겨있으면, 개성·지능성·기술성·수완성이 좋고 특별한 재주가 있으니 '개인활동 또는 개인장사' 쪽이 직업적성에 알맞고, 나이 들어가면서 재물운이 따르게 됨을 나타내고 또한 예고합니다. ④번 손금이 흐리거나 안 생겨있으면 장사나 사업을 하지 마세요!

④-3 재주사업금(생명금에서 출발한 기다란 형)

기질·소질발견 및 재능·성격분석과 운(運)진단

세계인 공통적용 인류지식유산

손도사 손금풀이
SDS Palmistry

100%
적중!

학생들
어른들
직장인들
자영업자
기업인들
※세계인모두

Youtube https://bit.ly/2Ewr9ZT

④-3번 재주사업금이 그림처럼 아래 부위 생명금에서 출발하여 소지손가락 아래까지 끊어진 곳이 없이 선명하고 기다랗게 생겨있으면, 개성이 강하고 특별한 재주와 수완성이 아주 좋으니, 젊은 나이 때부터 평생 동안을 특별한 개인 활동 또는 개인 장사 및 개인사업 쪽이 '소질적성'에 알맞고 마지막까지 최선을 다하게 됨을 나타내고 또한 예고합니다.

⑤ 섬세매력금(실선형)

기질 · 소질발견 및 재능 · 성격분석과 운(運)진단

세계인 공통적용 인류지식유산

G ▶ N

손도사 Q

손도사손금풀이
SDS Palmistry

학생들
어른들
직장인들
자영업자
기업인들
※세계인모두

100%
적중!

Youtube https://bit.ly/2Ewr9ZT

⑤번 손금은 중지와 약지 사이의 아래에 그림처럼 또는 비슷하게 생겨있는 반원 및 곡선 모양의 손금을 가리키고, 섬세함 · 감수성 예민 · 미적 감각 · 색채감각 · 패션감각 · 유행감각 · 관능매력 · 성적인 조숙 및 성적매력이 강하고 예술이나 예능 및 연예인 끼 등이 강함을 나타내며 여성 중에서 상위 5%만 생겨있는 좋은 손금입니다.

⑤-1 섬세매력금(토막형)

기질 · 소질발견 및 지능 · 성격분석과 운(運)진단

세계인 공통적용 인류지식유산

G ▶ N
손도사 Q

손도사손금풀이
SDS Palmistry

학생들
어른들
직장인들
자영업자
기업인들
※세계인모두

**100%
적중!**

Youtube https://bit.ly/2Ewr9ZT

⑤-1번 섬세매력금이 그림처럼 토막형 모양으로 생겨있으면, 섬세함 · 감수성 예민 · 신경성 예민 · 미적 감각 및 색체감각과 패션감각 등의 소질이 있으나 신경질과 지나친 감수성 및 색정 등으로 말썽과 스캔들을 일으키기도 합니다. 감수성과 미적 감각 등의 소질을 잘 살려보길 바랍니다.

⑥ 심장감정금(심장감정금의 다양한 모양들)

기질 · 소질발견 및 지능 · 성격분석과 운(運)진단

세계인 공통적용 인류지식유산

G ▶ N

손도사 Q

손도사손금풀이
SDS Palmistry

① ② ③ ④
⑦ ⑥ ⑤ ⑮
⑧ ⑫ ⑬ ⑯
⑨ ⑪ ⑭
⑩ ⑱ ⑰

학생들
어른들
직장인들
자영업자
기업인들
※세계인모두

100%
적중!

Youtube https://bit.ly/2Ewr9ZT

⑲ ⑳ ㉑
㉔ ㉓ ㉒

⑥번 굵고 기다란 손금은 심장 · 혈관계 · 감정 · 심성 · 감성 · 사랑운 · 애정성향 · 가정운 · 심장질환 등을 나타내는 기본 3대손금이고, 그림처럼 출발점과 생김새가 다양하고, 중간에 끊어지거나 흐트러지거나 하향가지 선이 없고 끝이 상향으로 기다랗게 생겨있어야 낙천성과 심장 및 혈관계 통이 튼튼하고 감정 및 사랑운과 가정생활이 안정적임을 의미합니다.

⑥-1 심장감정금(사랑의 낙천 및 순정형)

기질 · 소질발견 및 재능 · 성격분석과 운(運)진단

세계인 공통적용 인류지식유산

G ▶ N

손도사 Q

손도사손금풀이
SDS Palmistry

100%
적중!

Youtube https://bit.ly/2Ewr9ZT

학생들
어른들
직장인들
자영업자
기업인들
※세계인모두

⑥-1번 심장감정금의 끝이 그림처럼 상향으로 뻗치거나 또는 검지와 중지 사이로 흘러들어가는 모양으로 생겨있으면, 상향형은 낙천적이고, 사이형은 사랑과 연애를 시작할 때는 매우 신중하고, 한 번 결정을 한 후에는 애인과 배우자에게 진실로 애정과 사랑이 순진 · 순박 · 순정형임을 나타내고, 남성들이 가장 선호하는 여성상입니다.

⑥-2 심장감정금(기다란 형)

기질 · 소질발견 및 재능 · 성격분석과 운(運)진단

세계인 공통적용 인류지식유산

손도사손금풀이
SDS Palmistry

100%
적중!

학생들
어른들
직장인들
자영업자
기업인들
※세계인모두

⑥-2번 심장감정금이 그림처럼 검지손가락 아래까지 등 매우 기다랗게 생겨있으면, 마음과 정신적인 사랑 및 애정의 감정이 매우 강하여 감정적으로 흐르기 쉽고 애정의 독점욕 및 질투심이 강한 기질을 나타내고, 특히 여성들은 배우자 사랑과 자녀 사랑에 목숨까지도 걸게 됨을 나타냅니다.

⑥-3 심장감정금(짧은 형)

기질·소질발견 및 재능·성격분석과 운(運)진단

세계인 공통적용 인류지식유산

손도사손금풀이
SDS Palmistry

100%
적중!

학생들
어른들
직장인들
자영업자
기업인들
※세계인모두

⑥-3번 심장감정금이 그림처럼 중지손가락 아래쯤에서 끝나는 등 짧게 생겨있으면, 사랑과 애정의 감정이 얕고 약하여 담백하고 냉정 및 냉철하며 결코 이성 및 연인이나 사랑의 감정에 휩쓸리지 않음을 나타내고, 육체적인 사랑 쪽이 강하여 진실한 사랑이 부족함을 나타내고 또한 예고합니다.

⑥-4 심장감정금(끝이 하향 및 직선형)

기질·소질발견 및 재능·성격분석과 운(運)진단

세계인 공통적용 인류지식유산

G ▶ N

손도사 Q

손도사손금풀이
SDS Palmistry

① ② ③ ④
⑦ ⑥ ⑤
⑧ ⑫ ⑮
⑬
⑨ ⑪ ⑭ ⑯
⑩ ⑰
⑱
⑲
⑳
㉑
㉒
㉓
㉔

학생들
어른들
직장인들
자영업자
기업인들
※세계인모두

100%
적중!

Youtube https://bit.ly/2Ewr9ZT

⑥-4번 심장감정금의 끝이 그림처럼 하향 또는 직선으로 생겨있으면, 비관적 기질을 타고나서 사랑과 애정의 감정이 비관적이고 직선적이며 사랑과 애정표현이 서툴고, 특히 심장감정금의 끝이나 가지선이 손아귀 쪽으로 향하는 '하향형'은 사랑애정운이 나쁘고, 점점 '인생비관'이 되어감을 나타내고 또한 예고합니다.

⑥-5 심장감정금(상향곡선형)

기질 · 소질발견 및 재능 · 성격분석과 운(運)진단

세계인 공통적용 인류지식유산

손도사손금풀이
SDS Palmistry

100%
적중!

Youtube https://bit.ly/2Ewr9ZT

학생들
어른들
직장인들
자영업자
기업인들
※세계인모두

⑥-5번 심장감정금의 끝이 그림처럼 상향곡선형으로 생겨있으면, 사랑과 애성의 감정이 부드러움과 낙천성임을 나타내고, 특히 중지손가락 쪽으로 상향곡선형이면 육체적 뜨거운 사랑을 나타내고, 검지와 중지 사이 또는 검지손가락쪽으로 상향곡선형이면 깊은 사랑애정운을 나타냅니다. 심장감정금의 끝이 상향형은 좋고, 하향형은 나쁩니다.

⑥-6 심장감정금(하향가지선형)

기질 · 소질발견 및 재능 · 성격분석과 운(運)진단

세계인 공통적용 인류지식유산

G ▶ N

손도사 Q

손도사손금풀이
SDS Palmistry

100%
적중!

Youtube https://bit.ly/2Ewr9ZT

학생들
어른들
직장인들
자영업자
기업인들
※세계인모두

⑥-6번 심장감정금의 어느 중간에서 그림처럼 하향가지선이 가늘게 여러 개가 생기거나 또는 생겨있으면, 근심걱정거리가 생겨지고 마음이 점점 약해지고 사랑의 상심과 배우자 눈치를 보는 등 '마음고생'이 따르고, 하향가지선이 많거나 기다랗게 생겨있을수록 점점 더 나쁘게 됨을 나타내고 또한 예고합니다.

기질·소질발견 및 재능·성격분석과 운(運)진단

세계인 공통적용 인류지식유산

G ▶ N

손도사 Q

손도사손금풀이
SDS Palmistry

① ② ③ ④
⑦ ⑥ ⑤
⑧ ⑫ ⑮
⑨ ⑪ ⑬ ⑭ ⑯
⑩ ⑱ ⑰
⑲
⑳
㉑
㉔ ㉓ ㉒

학생들
어른들
직장인들
자영업자
기업인들
※세계인모두

100%
적중!

Youtube https://bit.ly/2Ewr9ZT

⑥-7번 심장감정금의 출발점 근처 소지새끼손가락 아래 심장감정금에서 그림처럼 '하향가지선'이 가늘고 기다랗게 생겨있으면, 100% 확률로 젊은 나이 때에 첫 결혼의 배신을 당하거나 또는 믿는 사람에게 배신을 당하고, 평생 동안 '큰 마음고생'이 따르게 됨을 나타내고 또한 예고합니다.

⑥-8 심장감정금(끝이 갈라진 형)

기질 · 소질발견 및 재능 · 성격분석과 운(運)진단

세계인 공통적용 인류지식유산

G ▶ N

손도사 Q

손도사손금풀이
SDS Palmistry

학생들
어른들
직장인들
자영업자
기업인들
※세계인모두

100%
적중!

Youtube https://bit.ly/2Ewr9ZT

⑥-8번 심장감정금의 끝이 그림처럼 두 갈래 또는 세 갈래로 갈라진 모양으로 생겨있으면, 감정의 다면성 및 다정다감을 나타내고 갈라지는 지선이 뻗어나가는 부위의 의미를 나타내며, 끝이 상향으로 갈라진 형은 점차로 좋아지고, 반대로 끝이 하향으로 갈라진 형은 사랑운과 가정운이 점차로 나빠지게 됨을 나타냅니다.

⑥-9 심장감정금(사랑결혼생활의 운막힘형)

기질·소질발견 및 재능·성격분석과 운(運)진단

세계인 공통적용 인류지식유산

손도사손금풀이
SDS Palmistry

학생들
어른들
직장인들
자영업자
기업인들
※세계인모두

**100%
적중!**

⑥-9번 심장감정금이 표준정상모양으로 생겨있으나 심장감정금의 끝지점 검지손가락 아래 또는 중지손가락 아래에 그림처럼 심장감정금을 가로막은 가로선이 1~3개가 생겨있으면, 아무리 노력을 할지라도 배우자의 잘못 등 때문에 결국에는 '결혼생활이 실패하게 됨'을 나타내고 또한 예고합니다.

⑥-10 심장감정금(고민갈등 및 심장질환형)

기질 · 소질발견 및 재능 · 성격분석과 운(運)진단

세계인 공통적용 인류지식유산

G ▶ N

손도사 Q

손도사손금풀이
SDS Palmistry

학생들
어른들
직장인들
자영업자
기업인들
※세계인모두

100%
적중!

Youtube https://bit.ly/2Ewr9ZT

⑥-10번 심장감정금이 약지와 소지 사이의 아래 부위에서 그림처럼 조금이라도 꼬여있거나 벌어져 있거나 끊어진 모양으로 생겨있으면, 결혼 및 가정생활이 심하게 '고민갈등'이 되면서 가정파탄이 따르게 되고 마음고생으로 가슴앓이가 생기고 가슴통증 및 심장질환이 따르게 됨을 나타내고 또한 예고합니다.

⑥-11 심장감정금(100% '가정파탄살' 손금)

기질·소질발견 및 재능·성격분석과 운(運)진단

세계인 공통적용 인류지식유산

G ▶ N

손도사 Q

손도사손금풀이
SDS Palmistry

① ② ③ ④
⑦ ⑥ ⑤
⑧ ⑫ ⑮
⑬ ⑯
⑨ ⑪ ⑭
⑩ ⑰
⑱
⑲
⑤ ㉑ ⑳
㉔ ㉓ ㉒

100%
적중!

학생들
어른들
직장인들
자영업자
기업인들
※세계인모두

Youtube https://bit.ly/2Ewr9ZT

⑥-11번 심장감정금이 약지와 소지 사이의 아래 부위에서 그림처럼 크게 끊어진 모양으로 생겨있으면, 업살을 타고나서 가정운 및 결혼운이 나쁘게 되고, 100% 확률로 '가정파탄과 불행'이 따르게 되고, 심장마비 등으로 죽게 됨을 나타내고 또한 예고합니다.

⑥-12 심장감정금(이중 감정선형)

기질·소질발견 및 재능·성격분석과 운(運)진단

세계인 공통적용 인류지식유산

G ▶ N

손도사 Q

손도사손금풀이
SDS Palmistry

100%
적중!

Youtube https://bit.ly/2Ewr9ZT

학생들
어른들
직장인들
자영업자
기업인들
※세계인모두

⑥-12번 심장감정금이 생겨있고 그 위쪽에 길든지 짧든지 또 한 개가 비슷하게 생겨서 나란하게 이중으로 생겨있으면, 2배의 심장감정금의 의미를 나타내어 사랑 및 애정이 '열중형'이고 심장도 튼튼하며, 자나 깨나 인생 전체를 오직 '사랑행위'에 열중적임을 나타내고 또한 예고합니다. 이러한 사람은 사랑감성 분야로 '소질적성'을 살려보시길 바랍니다.

⑥-13 심장감정금(막쥔손금과 함께 생겨있는 형)

기질·소질발견 및 재능·성격분석과 운(運)진단

세계인 공통적용 인류지식유산

G ▶ N

손도사 Q

손도사손금풀이
SDS Palmistry

100%
적중!

Youtube https://bit.ly/2Ewr9ZT

학생들
어른들
직장인들
자영업자
기업인들
※세계인모두

⑥-13번 완전한 일자형 막쥔손금이 생겨있고 또 그 위에 심장감정금이 생겨있으면, 막쥔금의 특성인 외골수 고집성과 감정금의 의미가 합해져서 사랑감정부분이 강하여 애정의 집착과 뜨거운 심장으로 사랑이 '저돌적' 임을 나타내고 또한 예고합니다. ①번, ②번, ③번, ④번 수직손금들의 유·무에 따라서 좋음과 나쁨의 상세해석은 다르게 해야 합니다.

⑦ 절망좌절금(모든 상승운을 꽉 막은 가로선)

기질·소질발견 및 재능·성격분석과 운(運)진단

세계인 공통적용 인류지식유산

손도사손금풀이
SDS Palmistry

손도사

학생들
어른들
직장인들
자영업자
기업인들
※세계인모두

100%
적중!

Youtube https://bit.ly/2Ewr9ZT

⑦번 절망좌절금은 검지손가락 아래 부위의 '모든 가로선'을 가리키고, 이곳에 그림처럼 가로선이 1~3개가 생겨있으면, 인생에 모든 상승운을 가로막아 공부·승진·선거출마·공사입찰·사업계획·사업진행·출세와 권력 등이 결코 잘 될 수가 없고, 100% 확률로 '절망과 좌절' 당하게 됨을 나타내고 또한 예고합니다.

⑧ 성급신중금(두 손금 출발점의 다양한 모양들)

기질 · 소질발견 및 재능 · 성격분석과 운(運)진단

세계인 공통적용 인류지식유산

손도사손금풀이
SDS Palmistry

100%
적중!

학생들
어른들
직장인들
자영업자
기업인들
※세계인모두

⑧번 부위는 가장 중요한 기본 3대손금인 굵고 기다란 ⑱번 두뇌지능금과 ㉒번 생명수명금이 출발하는 곳으로서 그림처럼 두 손금이 붙어있는 모양 또는 떨어져 있는 모양을 가리키고, 이곳 부위가 왼손과 오른손이 같은 형 또는 다른 형 등에 따라서 개인들의 타고난 기질 및 성격분석과 공부 및 직업과 결혼에 매우 중요함을 나타냅니다.

⑧-1 성급신중금(두 손금 합친 형─신중조심성 기질)

기질 · 소질발견 및 재능 · 성격분석과 운(運)진단

세계인 공통적용 인류지식유산

G ▶ N

손도사 Q

손도사손금풀이
SDS Palmistry

① ② ③ ④
⑦ ⑥ ⑤ ⑮
⑧ ⑫ ⑬
⑨ ⑪ ⑭ ⑯
⑩ ⑱ ⑰
⑲
② ②
㉔ ㉓ ㉒ ② ⑳

학생들
어른들
직장인들
자영업자
기업인들
※세계인모두

100%
적중!

Youtube https://bit.ly/2Ewr9ZT

⑧-1번 손금부위에 굵고 기다란 두뇌지능금과 생명수명금이 출발점에서 그림처럼 붙어있는 모양으로 생겨있으면, 대체로 상식적인 생각으로 매사에 '신중성'을 나타내고, 붙어있는 길이가 1㎝ 이상으로 길고 함께 두뇌지능금이 많이 굽어내린 모양으로 생겨있으면 '소심함'을 나타내며, 두 손금이 합친 형은 행동력과 자신감이 부족함을 나타냅니다.

⑧-2 성급신중금(두 손금 분리형-성급독립성 기질)

기질 · 소질발견 및 재능 · 성격분석과 운(運)진단

세계인 공통적용 인류지식유산

손도사손금풀이
SDS Palmistry

손도사

①②③④⑤⑥⑦⑧⑨⑩⑪⑫⑬⑭⑮⑯⑰⑱⑲⑳㉑㉒㉓㉔

100%
적중!

Youtube https://bit.ly/2Ewr9ZT

학생들
어른들
직장인들
자영업자
기업인들
※세계인모두

⑧-2번 손금부위가 그림처럼 서로 떨어져 있는 모양으로 생겨있으면, 성급함 · 독립성 · 적극성 · 지배성 · 행동력 · 조숙함 등을 나타내고, 속박을 싫어하니 프리랜서 및 개인사업 등이 적성에 알맞고, 특히 한쪽 손만 떨어진 형은 다중성격을 타고나고 100% 확률로 '일 실패 또는 결혼 실패'가 따르게 됨을 나타내고 또한 예고합니다.

⑧-3 성급신중금(길게 합친 형–소극소심성 기질)

⑧-3번 손금부위가 그림처럼 굵고 기다란 두뇌지능금과 수명생명금이 출발점에서 합쳐진 부분이 2㎝ 이상 기다랗게 생겨있으면, '약한 기질'을 타고나서 대체로 내성적이고 자아의식 및 자신감이 부족하여 의타심이 있고 매사에 소극적 및 소심함을 나타내며 100% 확률로 평생 동안 큰 발전성이 없음을 나타냅니다.

⑨ 공격투쟁금(난폭성 기질)

기질 · 소질발견 및 재능 · 성격분석과 운(運)진단

세계인 공통적용 인류지식유산

G ▶ N

손도사 Q

손도사손금풀이
SDS Palmistry

100%
적중!

Youtube https://bit.ly/2Ewr9ZT

학생들
어른들
직장인들
자영업자
기업인들
※세계인모두

⑨번 손금은 엄지와 검지 사이의 손아귀에 살집이 두툼하고 그림처럼 횡선이 선명하게 1~3개가 생겨있으면, '난폭성 기질'을 타고나서 성질이 강하고, 오기가 있고, 지기를 싫어하고, 경계심과 공격성 및 투쟁정신이 강하며 움켜쥐는 강인함을 나타냅니다. ⑨번 손금이 생겨있는 사람은 사람들과 다툼 및 구설수와 이혼수를 나타내고 또한 예고합니다.

⑩ 손해실패금(가장 중대한 인생진행운을 막은 가로선)

기질·소질발견 및 재능·성격분석과 운(運)진단

세계인 공통적용 인류지식유산

G ▶ N

손도사 Q

손도사 손금풀이
SDS Palmistry

100%
적중!

Youtube https://bit.ly/2Ewr9ZT

학생들
어른들
직장인들
자영업자
기업인들
※세계인모두

⑩번 손금은 그림처럼 굵고 기다란 ㉒번 생명수명금의 안쪽에서 손바닥을 기다랗게 가로막은 손금을 가리키고, 이 가로막은 손금은 '나쁜 업살'을 타고나서 '가장 중대한 운가로막힘'으로 큰 돈 떼임·장사영업실패·개인파산·이혼당함·자살 등을 나타내고 또한 예고하며 100% 확률로 '손해 및 실패'가 따르는 가장 나쁜 손금입니다.

⑩-1 손해실패금(100% 실패 '개인파산' 손금)

기질 · 소질발견 및 재능 · 성격분석과 운(運)진단

세계인 공통적용 인류지식유산

G ▶ N
손도사 Q

손도사손금풀이
SDS Palmistry

100%
적중!

Youtube https://bit.ly/2Ewr9ZT

학생들
어른들
직장인들
자영업자
기업인들
※세계인모두

⑩-1번 손해실패금과 ⑦번 절망좌절금이 함께 생겨있으면, 모든 상승운과 진행운을 함께 가로막아서 공부운 · 1류대학진학운 · 결혼운 · 승진운 · 선거당선운 · 출세운 · 낙찰운 · 장사운 · 사업운 · 권력운 등을 하나씩 차례로 '운막힘'을 당하고, 결국 100% 확률로 '인생 실패 파산' 당하게 됨을 나타내고 또한 예고합니다.

⑪ 생명끈기금(고집끈기성 기질)

기질·소질발견 및 재능·성격분석과 운(運)진단

세계인 공통적용 인류지식유산

G ▶ N

손도사 Q

손도사손금풀이
SDS Palmistry

학생들
어른들
직장인들
자영업자
기업인들
※세계인모두

100%
적중!

Youtube https://bit.ly/2Ewr9ZT

⑪번 손금이 굵고 기다란 ㉒번 수명생명금의 안쪽에 수직세로손금이나 나란하게 생긴 손금이 그림처럼 생겨있으면, 생명보호 및 구사일생의 끈질긴 생명력과 완고함의 '고집끈기성 기질'을 타고나서 투쟁적이고 자유분방함을 나타냅니다. ⑪번 손금은 기다랗게 생겨있을수록 강함을 나타냅니다.

⑫ 노력개운금(생명금 중간의 상향가지선)

⑫번 노력개운금은 굵고 기다란 ㉒번 수명생명금의 '중간에 생겨있는 모든 상향가지선'을 가리키고, 자기 자신의 적극 노력으로 좋은 결혼·직업적인 중대한 자격증 및 면허증 획득·큰 집문서 획득·인생발전기회 잡음 등 향상 물질적 발전의 '노력개운'을 나타내는 좋은 손금이고, 많이 생겨있거나 기다랗게 생겨있을수록 강함을 나타냅니다.

⑬ 칠성십자금(두뇌금과 감정금 사이의 열십자선)

기질 · 소질발견 및 재능 · 성격분석과 운(運)진단

세계인 공통적용 인류지식유산

G ▶ N

손도사 Q

손도사손금풀이
SDS Palmistry

100%
적중!

Youtube https://bit.ly/2Ewr9ZT

학생들
어른들
직장인들
자영업자
기업인들
※세계인모두

⑬번 칠성십자금은 굵고 기다란 ⑥번 심장감정금의 하향가지선과 짧은 ②번 직업운세금이 서로 교차하여 그림처럼 '열십자'로 생겨있는 것을 가리키고, 전생업 및 조상핏줄내림으로 '칠성공줄과 음체질'로 태어나서 100% 확률로 영성 · 종교성 · 빙의성 · 영매성 · 신(神)끼 · 신경정신질환성 등이 생기고, 평생 동안 '서민층'으로 살게 됨을 의미합니다.

⑬-1 칠성십자금(운 나쁜 열십자선들)

기질 · 소질발견 및 재능 · 성격분석과 운(運)진단

세계인 공통적용 인류지식유산

G ▶ N

손도사 Q

손도사손금풀이
SDS Palmistry

학생들
어른들
직장인들
자영업자
기업인들
※세계인모두

100%
적중!

Youtube https://bit.ly/2Ewr9ZT

⑬-1번 칠성십자금이 굵고 기다란 ⑥번 심장감정금과 굵고 기다란 ⑱번 두뇌지능금 사이에 선명하게 생겨있고 함께 검지손가락 아래 부위에도 열십자선이 생겨있거나 또는 손바닥이나 손금에 열십자선들이 생겨있으면, 운막힘과 운세가 약하여 평생 동안 서민층으로 살고 절망과 좌절당함을 나타내고 또한 예고합니다.

⑭ 배신비관금(감정선 출발점 근처의 하향가지선)

기질 · 소질발견 및 재능 · 성격분석과 운(運)진단

세계인 공통적용 인류지식유산

G ▶ N

손도사 🔍

손도사손금풀이
SDS Palmistry

100%
적중!

Youtube https://bit.ly/2Ewr9ZT

학생들
어른들
직장인들
자영업자
기업인들
※세계인모두

⑭번 배신비관금은 그림처럼 굵고 기다란 ⑥번 심장감정금에서 뻗쳐내린 '하향가지선'을 가리키고 이 부위에 하향가지선이 가늘고 기다랗게 생겨있으면, 100% 확률로 첫사랑 및 첫 결혼의 배신당함 · 믿는 사람에게 인간 배신당함 · 마음상처 · 비관살 등 평생 동안 마음고생이 따르게 됨을 나타내고 또한 예고합니다.

⑮-1 애정운(연애결혼선의 끝이 두 갈래형)

기질 · 소질발견 및 재능 · 성격분석과 운(運)진단

세계인 공통적용 인류지식유산

G ▶ N

손도사 Q

손도사손금풀이
SDS Palmistry

⑮-1

학생들
어른들
직장인들
자영업자
기업인들
※세계인모두

100%
적중!

Youtube https://bit.ly/2Ewr9ZT

⑮-1번 새끼손가락 아래 부위는 타고난 애정운과 연애운 및 결혼운을 가장 잘 나타내 주는 곳이고, 이곳에 그림처럼 가로금의 끝이 두 갈래로 갈라진 모양으로 생겨있으면, 연애운 및 결혼운이 나빠지기 시작하고, 크게 갈라지면 100% 확률로 '이별 및 별거와 이혼'까지 하게 됨을 나타내고 또한 예고합니다.

⑮-2 애정운(연애결혼선이 쌍둥이형)

기질 · 소질발견 및 재능 · 성격분석과 운(運)진단

세계인 공통적용 인류지식유산

G ▶ N

손도사 Q

손도사손금풀이
SDS Palmistry

⑮-2

학생들
어른들
직장인들
자영업자
기업인들
※세계인모두

**100%
적중!**

Youtube https://bit.ly/2Ewr9ZT

⑮-2번 그림처럼 새끼손가락 아래 부위에 연애운 및 결혼운을 나타내는 가로금이 뚜렷하게 2개가 쌍둥이처럼 나란히 생겨있으면, 결혼을 늦게 해야 하고 결혼을 일찍 해버리면 100% 확률로 '이혼 및 사별'을 당하게 되고, 재혼도 불행하게 되는 '아주 나쁜 결혼운'을 나타내고 또한 예고를 하며 40대, 50대, 60대의 사람들은 이미 확인이 되었을 것입니다.

⑮-3 애정운(연애결혼선의 끝이 하향형)

기질 · 소질발견 및 재능 · 성격분석과 운(運)진단

세계인 공통적용 인류지식유산

G ▶ N

손도사 Q

손도사손금풀이
SDS Palmistry

① ② ③ ④
⑦ ⑥ ⑤
⑧ ⑫ ⑮-3
⑬ ⑯
⑨ ⑪ ⑭ ⑰
⑩ ⑱

학생들
어른들
⑲ 직장인들
자영업자
기업인들
※세계인모두

100%
적중!

⑳
㉑
㉔ ㉓ ㉒

Youtube https://bit.ly/2Ewr9ZT

⑮-3번 그림처럼 새끼손가락 아래 부위에 연애운 및 결혼운을 나타내는 가로금의 끝이 하향으로 굽어내린 모양으로 생겨있으면, 나쁜 업살을 타고나서 연애와 결혼생활이 100% 비애로 흐르면서 결국에는 '이별 및 사별과 이혼'을 당하게 되고, 그 후에는 혼자 살게 됨을 나타내고 또한 예고를 하며 40대, 50대, 60대의 사람들은 이미 확인이 되었을 것입니다.

⑮-4 애정운(연애결혼선이 안 생겨있는 형)

기질 · 소질발견 및 재능 · 성격분석과 운(運)진단

세계인 공통적용 인류지식유산

G ▶ N

손도사 Q

손도사손금풀이
SDS Palmistry

⑮-4

100%
적중!

Youtube https://bit.ly/2Ewr9ZT

학생들
어른들
직장인들
자영업자
기업인들
※세계인모두

⑮-4번 새끼손가락 아래 부위는 타고난 애정운과 연애운 및 결혼운을 가장 잘 나타내 주는 곳이고, 이곳 부위에 손바닥을 정면에서 바라볼 때에 선명한 가로금이 안 생겨있는 사람은 성별과 나이에 상관없이 연애 및 사랑과 결혼에는 관심이 없거나 또는 독신주의자이거나 또는 현재 상태가 연애 및 사랑의 운(運)이 '꽉 막힌 상태'임을 나타내고 또한 예고합니다.

⑮-5 (연애운과 결혼운이 나쁜 손금들)

⑮-5번 새끼손가락 아래 부위에 그림처럼 가로금의 끝이 두 갈래로 갈라지거나 또는 유난히 2개가 쌍둥이처럼 생겨있거나 또는 끝이 아래로 굽어내리거나 또는 선명한 가로금이 안 생겨있거나 또는 ⑧번 부위가 한쪽 손만 떨어져 있거나 또는 역마살 손금 및 고독살 손금 등이 선명하게 생겨있으면 연애운과 결혼운이 나쁨을 의미합니다.

⑯ 반항저항금(반골저항성 기질)

⑯번 반항저항금이 그림처럼 굵고 기다란 ⑥번 감정금의 아래 손바닥 바깥쪽 부위에 가로금으로 선명하고 뚜렷하게 생겨있으면, '반골저항성 기질'을 타고나서 특별한 정의감이 있고 자기주장이 강하며 반항 및 저항과 인내심이 강하고 또한 자기 일에 충직함을 함께 나타냅니다.

⑯-1 반항저항금(반골저항성 기질로 인생 실패형)

⑯-1번 반항저항금이 그림처럼 선명하고 뚜렷하게 생겨있으면, 저항반골 기질이 강함을 나타내고 함께 ⑦번 검지손가락 아래 부위의 가로금, ⑨번 손아귀 부위의 가로금, ⑩번 손바닥 가운데의 기다란 가로금, ㉓번 손바닥 아래 부위의 비스듬히 생긴 가로금 등이 어느 한 개라도 함께 생겨 있으면, 100% 확률로 '인생 실패'하게 됨을 나타내고 예고합니다.

⑰ 인내성공금(인내력과 타인 도움으로 성공가능형)

기질 · 소질발견 및 재능 · 성격분석과 운(運)진단

세계인 공통적용 인류지식유산

손도사 Q

손도사손금풀이
SDS Palmistry

학생들
어른들
직장인들
자영업자
기업인들
※세계인모두

100%
적중!

Youtube https://bit.ly/2Ewr9ZT

⑰번 인내성공금이 그림처럼 굵고 기다란 ⑥번 감정금의 아래 부위 손바닥 바깥쪽에서 출발하여 약지손가락을 향해 비스듬히 상향금으로 뻗쳐오르면, 자기 일에 충직 및 인내력과 거래처 및 타인 도움 등으로 '성공가능성'이 높고, 손바닥 위쪽에 수직손금들이 함께 많이 생겨있고 ⑰번 손금이 더욱 선명하게 생겨지면 성공하게 됨을 나타내고 예고합니다.

⑱ 두뇌지능금(두뇌지능금의 다양한 모양들)

⑱번 굵고 기다란 손금은 두뇌·지능·재능·성격·공부직업 적성판단·사고방식·정신상태·뇌질환·정신질환·머리부상으로 죽음 등을 나타내는 기본 3대손금이고, 그림처럼 생김새가 다양하며 중간에 끊어진 곳이 없고 옆으로 비스듬히 선명하고 기다랗게 잘 생겨있어야 두뇌 및 지능에 이상이 없고 무난하게 됩니다.

⑱-1 두뇌지능금(기다란 형)

기질 · 소질발견 및 재능 · 성격분석과 운(運)진단

세계인 공통적용 인류지식유산

손도사손금풀이
SDS Palmistry

G ▶ N

손도사 Q

100%
적중!

Youtube https://bit.ly/2Ewr9ZT

학생들
어른들
직장인들
자영업자
기업인들
※세계인모두

⑱-1번 두뇌지능금이 그림처럼 기다랗게 생겨있으면 생각이 깊고, 두뇌가 치밀하여 머리를 많이 쓰고, 탐구심 및 지적성취 욕구가 강하고, 장기적인 성과를 바라면서 궁리 · 연구 · 기획 · 개발 등 두뇌활동이 좋고, 머리쓰는 것이 가장 강점이니 평생 동안 '두뇌를 많이 쓰는 분야'가 직업적성에 알맞습니다.

⑱-2 두뇌지능금(짧은 형)

기질 · 소질발견 및 재능 · 성격분석과 운(運)진단

세계인 공통적용 인류지식유산

G ▶ N

손도사 Q

손도사손금풀이
SDS Palmistry

① ② ③ ④ ⑤ ⑥ ⑦ ⑧ ⑨ ⑩ ⑪ ⑫ ⑬ ⑭ ⑮ ⑯ ⑰ ⑱ ⑲ ⑳ ㉑ ㉒ ㉓ ㉔

100%
적중!

Youtube https://bit.ly/2Ewr9ZT

학생들
어른들
직장인들
자영업자
기업인들
※세계인모두

⑱-2번 두뇌지능금이 그림처럼 짧게 생겨있으면 생각이 얕고, 산만하며 단순하고, 싫증이 빠르며 대체로 공부를 잘하지 못하니 두뇌를 많이 쓰는 일에는 적성이 맞지 않고, 직감 및 행동으로 '단순하게 일하는 분야'가 직업적성에 알맞습니다. 특히 두뇌금이 너무 짧거나 안 생겨있으면 두뇌에 문제가 있고 급사로 단명을 하게 되니 '보험가입'이 필요합니다.

⑱-3 두뇌지능금(옆으로 뻗치는 형)

기질 · 소질발견 및 재능 · 성격분석과 운(運)진단

세계인 공통적용 인류지식유산

G ▶ N

손도사 Q

손도사손금풀이
SDS Palmistry

①②③④⑤⑥⑦⑧⑨⑩⑪⑫⑬⑭⑮⑯⑰⑱⑲⑳㉑㉒㉓㉔

학생들
어른들
직장인들
자영업자
기업인들
※세계인모두

100%
적중!

Youtube https://bit.ly/2Ewr9ZT

⑱-3번 두뇌지능금의 끝이 그림처럼 직선으로 옆으로 뻗치는 모양으로 생겨있으면, 생각이 직선적이고 이지적이며 분석력 · 추리력 · 논리력 등이 강하고, 실무력 및 실제적 합리주의 및 실용주의 성향을 나타내며, 대체로 두뇌가 냉철하니 '이과 및 이공계열' 분야가 공부 및 직업적성에 알맞습니다.

⑱-4 두뇌지능금(하향으로 뻗치는 형)

기질 · 소질발견 및 재능 · 성격분석과 운(運)진단

세계인 공통적용 인류지식유산

G ▶ N

손도사 Q

손도사손금풀이
SDS Palmistry

100%
적중!

Youtube https://bit.ly/2Ewr9ZT

학생들
어른들
직장인들
자영업자
기업인들
※세계인모두

⑱-4번 두뇌지능금의 끝이 그림처럼 손바닥 아래 살집이 두툼한 쪽으로 굽어내려 곡선으로 생겨있으면, 미적 정서와 감수성이 풍부하고, 문학성 · 예술성 · 독창성 · 상상력 · 기획력 등의 소질이 있고, 대체로 생각이 많고 정신 우선 및 이상주의 성향을 나타내니 '문과 및 인문계열' 분야가 공부 및 직업적성에 알맞습니다.

⑱-5 두뇌지능금(급하향으로 뻗치는 형)

기질 · 소질발견 및 재능 · 성격분석과 운(運)진단

세계인 공통적용 인류지식유산

G ▶ N

손도사 Q

손도사손금풀이
SDS Palmistry

학생들
어른들
직장인들
자영업자
기업인들
※세계인모두

100%
적중!

Youtube https://bit.ly/2Ewr9ZT

⑱-5번 두뇌지능금의 끝이 그림처럼 손바닥 아래 살집이 두툼한 쪽으로 많이 굽어내려 급하향곡선으로 생겨있으면, 공상력 · 상상력 · 엉뚱한 생각 등이 많고 자기만의 잡생각들이 많아서 현실성 및 정상생활능력이 부족하고, 경제활동능력이 없으며 공상증 · 불면증 · 우울증 · 신경정신질환 등을 나타내고 예고 및 경고합니다.

⑱-6 두뇌지능금(상향으로 뻗치는 형)

기질·소질발견 및 재능·성격분석과 운(運)진단

세계인 공통적용 인류지식유산

G ▶ N
손도사 Q

손도사손금풀이
SDS Palmistry

100%
적중!

Youtube https://bit.ly/2Ewr9ZT

학생들
어른들
직장인들
자영업자
기업인들
※세계인모두

⑱-6번 두뇌지능금의 끝이 그림처럼 상향으로 뻗치는 모양으로 생겨있
으면, 계산적인 소질과 두뇌회전이 빠르고 현실주의 및 물질우선 성향이
너무 강하니 시장바닥의 장사나 영업 또는 사채놀이 및 작은 개인사업 등
이 직업적성에 알맞습니다.

⑱-7 두뇌지능금(상향가지선형)

기질 · 소질발견 및 재능 · 성격분석과 운(運)진단

세계인 공통적용 인류지식유산

손도사손금풀이
SDS Palmistry

손도사

100%
적중!

학생들
어른들
직장인들
자영업자
기업인들
※세계인모두

Youtube https://bit.ly/2Ewr9ZT

⑱-7번 손금은 굵고 기다란 두뇌지능금의 어느 중간에서 그림처럼 새끼손가락 쪽을 향하여 뻗쳐오른 가느다란 '상향가지선'을 가리키고, 후천성으로 생기며 두뇌지능금에서 상향가지선이 1~2개가 생겨있으면 강한 재물탐심 · 물질우선 생각 · 재테크기술 · 이재밝음 등과 자기 노력으로 100% '재물성취'하게 됨을 나타내고 또한 예고합니다.

⑱-8 두뇌지능금(끝이 두 갈래형)

기질·소질발견 및 재능·성격분석과 운(運)진단

세계인 공통적용 인류지식유산

G ▶ N

손도사 Q

손도사손금풀이
SDS Palmistry

학생들
어른들
직장인들
자영업자
기업인들
※세계인 모두

100%
적중!

Youtube https://bit.ly/2Ewr9ZT

⑱-8번 두뇌지능금의 끝이 두 갈래로 갈라진 모양으로 그림처럼 생겨있으면, 뻗치는 방향성의 특별한 두 가지의 재능 또는 다재다능의 재능 및 기술을 가지고 있고, 상황변화에 잘 적응하면서 창의성과 합리적인 사고방식으로 현실과 이상추구를 함께 실현시켜 나아감을 나타내는 좋은 손금입니다.

⑱-9 두뇌지능금(행운의 이중 두뇌선형)

기질 · 소질발견 및 재능 · 성격분석과 운(運)진단

세계인 공통적용 인류지식유산

G ▶ N

손도사 Q

손도사손금풀이
SDS Palmistry

100%
적중!

Youtube https://bit.ly/2Ewr9ZT

학생들
어른들
직장인들
자영업자
기업인들
※세계인모두

⑱-9번 두뇌지능금이 기본선의 위쪽 또는 아래쪽에 2개가 나란하게 그림처럼 생겨있으면 두뇌가 매우 우수하고, 특별한 지능 및 재능으로 성공출세가 빠른 행운의 좋은 손금이니 판사·검사·변호사·변리사·고급관료직·정무직·탤런트·연예인·엔터테인먼트·벤처사업가 등 최고로 두뇌활동이 필요한 '고급두뇌직업' 분야가 적성에 알맞습니다.

⑱-10 두뇌지능금(행운의 이중 두뇌선 변형형)

기질 · 소질발견 및 재능 · 성격분석과 운(運)진단

세계인 공통적용 인류지식유산

G ▶ N

손도사 Q

손도사손금풀이
SDS Palmistry

100%
적중!

Youtube https://bit.ly/2Ewr9ZT

학생들
어른들
직장인들
자영업자
기업인들
※세계인모두

⑱-10번, 즉 두뇌지능금은 1개가 생겨있는 것이 일반적인데 그림처럼 또는 특이하게 다양한 모양 등으로 2개가 생겨있으면, 두뇌가 우수하고 뻗치는 방향쪽 지향의 '독특한 개성과 지능 및 재능'을 타고난 사람이 많으니, 변형 이중두뇌금이 생겨있는 사람은 출발점과 뻗치는 방향 및 도착점 등의 '상세손금풀이'가 꼭 필요합니다.

⑱-11 두뇌지능금(분리된 늦게 출발형)

기질 · 소질발견 및 재능 · 성격분석과 운(運)진단

세계인 공통적용 인류지식유산

G ▶ N

손도사 🔍

손도사손금풀이
SDS Palmistry

① ② ③ ④
⑦ ⑥ ⑤ ⑮
⑧ ⑫ ⑯
⑬
⑨ ⑪ ⑭
⑩ ⑱ ⑰

100%
적중!

Youtube https://bit.ly/2Ewr9ZT

㉔ ㉓ ㉒ ㉑ ⑲ ⑳

학생들
어른들
직장인들
자영업자
기업인들
※세계인모두

⑱-11번 두뇌지능금이 독립형으로 분리되고 늦게 출발한 모양으로 그림처럼 생겨있으면, 어릴 때는 두뇌 및 사고능력이 약하다가 늦게 성년이 되면서 두뇌 지능의 사고능력이 정상으로 되어감을 의미하지만 본질은 두뇌 지능이 문제가 있고 또한 매우 약함을 나타내고 예고 및 경고합니다.

⑱-12 두뇌지능금(중간에 끊어진 형)

기질·소질발견 및 재능·성격분석과 운(運)진단

세계인 공통적용 인류지식유산

G ▶ N

손도사 Q

손도사손금풀이
SDS Palmistry

① ② ③ ④ ⑤ ⑥ ⑦ ⑧ ⑨ ⑩ ⑪ ⑫ ⑬ ⑭ ⑮ ⑯ ⑰ ⑱ ⑲ ⑳ ㉑ ㉒ ㉓ ㉔

100%
적중!

Youtube https://bit.ly/2Ewr9ZT

학생들
어른들
직장인들
자영업자
기업인들
※세계인모두

⑱-12번 두뇌지능금이 어느 중간에서 그림처럼 끊어진 모양으로 생겨있으면, 100% 가능성으로 두뇌의 집중력·분석력·기억력 등 두뇌능력의 '큰 저하'를 나타내거나 또는 뇌신경질환 및 정신질환이나 큰 머리부상으로 죽음 등을 나타내고 또한 예고 및 경고합니다.

⑱-13 두뇌지능금(두 손금이 떨어진 독립형)

기질 · 소질발견 및 재능 · 성격분석과 운(運)진단

세계인 공통적용 인류지식유산

G ▶ N

손도사 Q

손도사손금풀이
SDS Palmistry

100%
적중!

Youtube https://bit.ly/2Ewr9ZT

학생들
어른들
직장인들
자영업자
기업인들
※세계인모두

⑱-13번 굵고 기다란 두 손금이 출발점에서 서로 떨어져 두뇌지능금이 독립형으로 그림처럼 생겨있으면, '강한 기질'을 타고나 간섭 및 속박을 싫어하고, 독립성 · 지배성 · 성급 · 대담성 · 고독성 등을 나타내고, 간격이 크거나 한쪽 손만 떨어진 형은 100% 확률로 사업실패 또는 결혼 실패 당하게 됨을 나타내고 또한 예고합니다.

⑱-14 두뇌지능금(두뇌금에서 출발한 수직손금들)

기질 · 소질발견 및 재능 · 성격분석과 운(運)진단

세계인 공통적용 인류지식유산

손도사손금풀이
SDS Palmistry

학생들
어른들
직장인들
자영업자
기업인들
※세계인모두

100%
적중!

Youtube https://bit.ly/2Ewr9ZT

⑱-14번 두뇌지능금이 잘생겨있고 그리고 그림처럼 두뇌금의 선상에서
출발하여 수직금들이 검지손가락을 향하면 야망출세를 위한 성취욕구가
강함을 나타내고, 중지손가락을 향하면 두뇌를 많이 쓰는 분야 또는 30대
중반쯤부터 일 시작 등을 나타내고, 약지손가락을 향하면 두뇌를 많이 쓰
면서 예술 및 예능이나 명성 및 인기가 따름을 나타내고 예고합니다.

⑱-15 두뇌지능금(막쥔손금과 함께 생겨있는 형)

기질 · 소질발견 및 재능 · 성격분석과 운(運)진단

손도사손금풀이
SDS Palmistry

세계인 공통적용 인류지식유산

손도사

100%
적중!

Youtube https://bit.ly/2Ewr9ZT

학생들
어른들
직장인들
자영업자
기업인들
※세계인모두

⑱-15번 완전한 일자형 막쥔손금이 생겨있고 또 그 아래에 두뇌지능금이 생겨있으면, 막쥔금의 특성인 외곬 고집성과 두뇌지능금의 의미가 합해져서 더욱 자기 지식 및 생각이 '외골수'적 임을 나타내고 또한 예고합니다. ①번, ②번, ③번, ④번 수직손금들의 유·무에 따라서 대박운 또는 쪽박운이 됩니다.

⑲ 방종방탕금

기질·소질발견 및 재능·성격분석과 운(運)진단

세계인 공통적용 인류지식유산

G ▶ N

손도사 Q

손도사손금풀이
SDS Palmistry

① ② ③ ④
⑦ ⑥ ⑤
⑧ ⑫ ⑬ ⑮
⑨ ⑪ ⑭ ⑯
⑩ ⑱ ⑰

100%
적중!

Youtube https://bit.ly/2Ewr9ZT

⑲

⑳ ㉑ ㉒ ㉓ ㉔

학생들
어른들
직장인들
자영업자
기업인들
※세계인모두

⑲번 손금은 손바닥 아래 바깥쪽 살집이 두툼한 부위에 여러 모양의 가로 금으로 생겨있는 실선 또는 토막선을 가리키고, 자유성·방종·방탕·탈선·술장사·성문란·부인과질환·만성질환 등을 나타내고 또한 예고합니다. ⑲번 손금은 기다랗게 생겨있을수록 강함을 나타냅니다.

⑳ 모험고생금(짧은 형)

기질 · 소질발견 및 재능 · 성격분석과 운(運)진단

세계인 공통적용 인류지식유산

G ▶ N

손도사 Q

손도사손금풀이
SDS Palmistry

학생들
어른들
직장인들
자영업자
기업인들
※세계인모두

100%
적중!

Youtube https://bit.ly/2Ewr9ZT

⑳번 손금이 그림처럼 손바닥의 가장 아래 바깥쪽 살집이 두툼한 부위에서 출발하여 손바닥 중심쪽으로 비스듬히 뻗쳐오른 모양으로 생겨있으면, 어린 나이 때부터 '일 고생'을 하면서 도전 및 모험 인생을 나타내고, 어린 나이 때에는 타인들 도움 및 이성의 도움을 받기도 하지만, 30세쯤 이후부터는 직업운세 등의 운(運)이 약해짐을 예고합니다.

제1부 손도사 손금풀이 종합운명진단 107

⑳-1 모험고생금(아주 기다란 형)

⑳-1번 모험고생금이 그림처럼 아주 기다랗게 생겨서 ②번 중지손가락 아래 또는 ③번 약지손가락 아래 등을 향하여 비스듬히 쭉 뻗쳐오른 모양으로 생겨있으면, 젊어서 집 나가 '모험 인생'의 온갖 고생을 하고 결국에는 타인들 도움 및 대중들 도움으로 크게 성공하게 됨을 나타내고 또한 예고합니다.

㉕-2 모험고생금(나쁜 형)

기질·소질발견 및 재능·성격분석과 운(運)진단

세계인 공통적용 인류지식유산

G ▶ N

손도사 Q

손도사손금풀이
SDS Palmistry

학생들
어른들
직장인들
자영업자
기업인들
※세계인 모두

100%
적중!

Youtube https://bit.ly/2Ewr9ZT

㉕-2번, 참고로 기본손금해설에서 손바닥 아래 부위의 수직금과 상향금들은 '어린 나이 때'부터 일 고생을 나타내고, 손바닥 바깥부위에서 손금이 출발을 하면 '모험 인생과 타인 도움'을 나타냅니다. 특히 ⑳번 손금이 생겨있고, ㉑번 손금, ⑮번 손금이 함께 생겨있으면, 일찍 집 나가 일 고생을 하다가 결혼 실패까지 하게 됨을 나타내고 또한 예고합니다.

㉑ 변동역마금(불안정활동성 기질)

기질·소질발견 및 재능·성격분석과 운(運)진단

세계인 공통적용 인류지식유산

G ▶ N

손도사 Q

손도사손금풀이
SDS Palmistry

① ② ③ ④
⑦ ⑥ ⑤ ⑮
⑧ ⑫ ⑬ ⑯
⑨ ⑪ ⑭ ⑯
⑩ ⑱ ⑰
⑲
100% 적중! ⑳
㉔ ㉓ ㉒ ㉑
Youtube https://bit.ly/2Ewr9ZT

학생들
어른들
직장인들
자영업자
기업인들
※세계인모두

㉑번 손금은 그림처럼 굵고 기다란 ㉒번 생명수명금의 중간쯤 아래에서 뻗쳐내린 '모든 하향가지선'을 가리키고, 일찍 집을 나가는 독립 또는 해외 유학 및 해외취업이나 또는 여행을 좋아하는 등 '불안정활동성 기질'을 나타내고, 결과론적으로 나쁜 손금이며, 위쪽에 생겨있으면 '일찍 변동'을 나타내고, 기다랗게 생겨있을수록 강함을 나타냅니다.

㉑-1 변동역마금(나쁜 불안정의 '역마살' 손금)

기질·소질발견 및 재능·성격분석과 운(運)진단

세계인 공통적용 인류지식유산

G ▶ N

손도사 Q

손도사손금풀이
SDS Palmistry

① ② ③ ④
⑦ ⑥ ⑤ ⑮
⑧ ⑫ ⑬ ⑯
⑨ ⑪ ⑭ ⑰
⑩ ⑱
⑲
㉑ ⑳
㉔ ㉓ ㉒

100%
적중!

Youtube https://bit.ly/2Ewr9ZT

학생들
어른들
직장인들
자영업자
기업인들
※세계인모두

㉑-1번 생명수명금에서 변동역마금이 그림처럼 어느 한 개라도 생겨있으면, 인생 불안정의 '변동역마살'로 해석을 하고 맨 위쪽은 '일찍 집 나감'을 나타내고, 여러 개 또는 기다랗게 생겨있으면 잦은 직장 및 주거의 변동과 돌아다니는 일 등을 하게 되고, 함께 ⑦번 손금이나 ⑩번 손금이 생겨있으면 '운막힘'까지 따르면서 손해와 실패가 계속 따르게 됨을 나타내고 예고합니다.

㉑-2 변동역마금(가장 나쁜 '역마살' 손금)

기질 · 소질발견 및 재능 · 성격분석과 운(運)진단

세계인 공통적용 인류지식유산

G ▶ N
손도사 Q

손도사손금풀이
SDS Palmistry

100%
적중!

Youtube https://bit.ly/2Ewr9ZT

학생들
어른들
직장인들
자영업자
기업인들
※세계인모두

㉑-2번 변동역마금은 굵고 기다란 ㉒번 생명수명금이 아래로 흘러내리면서 생명수명금 본선의 끝이 그림처럼 조금이라도 '바깥쪽으로 뻗쳐내린 모양'으로 생겨있는 것을 가리키고, 평생 동안 직업직장 변동과 주거변동이 많이 따르게 되고 나이 들면서 더욱 '인생불안정'이 되어가는 가장 나쁜 '역마살' 작용을 나타내고 또한 예고합니다.

㉒ 생명수명금(생명수명금의 다양한 모양들)

기질 · 소질발견 및 재능 · 성격분석과 운(運)진단

세계인 공통적용 인류지식유산

손도사손금풀이
SDS Palmistry

G ▶ N
손도사 Q

학생들
어른들
직장인들
자영업자
기업인들
※세계인모두

100%
적중!

Youtube https://bit.ly/2Ewr9ZT

㉒번 굵고 기다란 손금은 생명 · 생명력 · 체질 · 체력 · 운동 및 프로스포
츠 선수의 적합성 · 타고난 수명 · 인생말년운 등을 나타내는 중요한 기본
3대손금이고, 그림처럼 생김새가 다양하며 중간에 끊겨진 곳이 없어야 하
고, 가장 선명하게 굵고 엄지 밑둥을 크게 감싸듯 손목금에 닿을 정도로 기
다랗게 생겨있어야 건강하고 수명장수를 하게 됩니다.

㉒-1 생명수명금(아래쪽 돌출형)

㉒-1번 생명수명금이 굵고 선명하고 아래쪽으로 내려가면서 '돌출형'으로 그림처럼 엄지 밑둥이 크게 생겨있으면, 체질·체력과 건강이 가장 장점이고, 나이 들어서까지 건강하고 생명에너지를 유지하게 되니 노년까지 '육체활동'을 계획하고, 육체노동·운동선수·스포츠 관련·각종 차 운전 등 육체활동 분야가 직업적성에 알맞습니다.

㉒-2 생명수명금(기다란 형)

기질 · 소질발견 및 재능 · 성격분석과 운(運)진단

세계인 공통적용 인류지식유산

G ▶ N

손도사 Q

손도사손금풀이
SDS Palmistry

100%
적중!

Youtube https://bit.ly/2Ewr9ZT

학생들
어른들
직장인들
자영업자
기업인들
※세계인모두

㉒-2번 생명수명금이 그림처럼 굵고 기다랗게 엄지 밑둥을 넓게 감싸듯 하면서 '손목금에 닿을 정도'로 아주 기다랗게 잘 생겨있으면, 생명에너지가 강하여 체질 및 체력과 정력이 강하고 사회활동성이 좋고 대체로 성격과 인품이 좋으며 평생 동안 건강하고 100세 이상 '수명장수'하는 행운의 좋은 손금입니다.

㉒-3 생명수명금(짧은 형)

기질 · 소질발견 및 재능 · 성격분석과 운(運)진단

세계인 공통적용 인류지식유산

손도사손금풀이
SDS Palmistry

100%
적중!

학생들
어른들
직장인들
자영업자
기업인들
※세계인모두

㉒-3번 생명수명금이 그림처럼 짧게 생겨있으면, 대체로 삶이 고달프고, 자신의 전생업 및 조상업과 부모의 핏줄운내림 등으로 인하여 개인별 선천적으로 타고난 자연수명이 98% 확률로 생명수명금의 '길이'만큼 살게 됨을 나타내고 또한 예고합니다. 개인의 전생업살과 핏줄유전성은 99%까지 정확합니다.

㉒-4 생명수명금(굵은 형)

기질 · 소질발견 및 재능 · 성격분석과 운(運)진단

세계인 공통적용 인류지식유산

G ▶ N

손도사 Q

손도사손금풀이
SDS Palmistry

학생들
어른들
직장인들
자영업자
기업인들
※세계인모두

100%
적중!

Youtube https://bit.ly/2Ewr9ZT

㉒-4번 생명수명금이 그림처럼 굵고 깊이 파이고 기본 3대손금 중에서 가장 선명하고 엄지 밑둥을 넓게 감싸는 모양으로 생겨있으면, 체질 및 체력과 정력이 가장 강점이고, 자신감과 사회 활동성이 좋고, 평생 건강함을 나타내는 좋은 손금이며, 몸을 많이 사용하는 노동 · 운동 · 프로스포츠 선수 등 '육체활동' 분야가 직업적성에 알맞습니다.

㉒-5 생명수명금(가느다란 형)

㉒-5번 생명수명금이 그림처럼 가늘고 엄지 밑둥을 좁게 감싸는 모양으로 생겨있으면, 체력과 정력이 가장 약점이고, 승부욕과 성취욕 및 자신감이 약하고, 대체로 재물운도 약하며 평생 동안 '병약함'을 나타내니 이러한 사람은 계속해서 '건강관리'에 힘써야 하고, 공부와 직업은 '정신활동' 분야가 알맞습니다.

㉒-6 생명수명금(이중생명금 1형)

기질·소질발견 및 재능·성격분석과 운(運)진단

세계인 공통적용 인류지식유산

손도사손금풀이
SDS Palmistry

100%
적중!

Youtube https://bit.ly/2Ewr9ZT

학생들
어른들
직장인들
자영업자
기업인들
※세계인모두

㉒-6번 생명수명금이 굵고 기다랗게 생겨있고 가지생명금이 기본생명금의 안쪽으로 또 생겨서 2개가 기다랗게 그림처럼 생겨있으면, 체력과 생명력이 2배로 강함을 나타내고, 특히 '건강과 체력'이 가장 강점이며, 끈기와 완고함도 강하니 프로운동선수 직업 등이 적합하고 또는 고위험 및 강인함이 필요한 '특수직업' 분야에 꼭 필요한 인재입니다.

㉒-7 생명수명금(이중생명금 2형)

㉒-7번 생명수명금이 굵고 기다랗게 생겨있고 그 안쪽으로 또 부생명금이 생겨서 2개가 기다랗게 그림처럼 생겨있으면, 생명보호와 생명에너지가 특별히 강함을 나타내고, 공격투쟁력과 끈질김 및 완고한 고집도 강하며 사랑에너지도 강하여 인생을 '자유분방'하게 살아감을 나타내고 또한 예고합니다.

㉒-8 생명수명금(중간에 끊어진 형)

기질 · 소질발견 및 재능 · 성격분석과 운(運)진단

세계인 공통적용 인류지식유산

G ▶ N

손도사 Q

손도사손금풀이
SDS Palmistry

학생들
어른들
직장인들
자영업자
기업인들
※세계인모두

100%
적중!

Youtube https://bit.ly/2Ewr9ZT

㉒-8번 생명수명금이 그림처럼 위쪽에서 끊어진 모양은 어릴 때에 '죽을 고비'를 나타내고, 아래쪽에서 끊어진 모양은 나이 들면서 큰 사고 또는 큰 질병 등으로 '죽을 고비 또는 갑자기 죽게 됨'을 나타내고, ㉒번 수명생명 금이 중간에 끊어진 곳의 간격이 크게 생겨있으면, 그 나이쯤에 100% 확 률로 갑자기 죽음을 나타내고 또한 예고합니다.

㉒-9 생명수명금(끝이 가늘고 약해진 형)

기질 · 소질발견 및 재능 · 성격분석과 운(運)진단

세계인 공통적용 인류지식유산

G ▶ N

손도사 Q

손도사손금풀이
SDS Palmistry

100%
적중!

Youtube https://bit.ly/2Ewr9ZT

학생들
어른들
직장인들
자영업자
기업인들
※세계인모두

㉒-9번 생명수명금이 그림처럼 아래쪽 손목 쪽 방향으로 내려오면서 점점 가늘어지거나 약해지거나 희미하게 생겨지거나 또는 이와 같이 이미 생겨있으면, 사고 발생보다는 손금이 그렇게 생긴 때부터 '큰 질병' 등으로 건강이 나빠지거나 또는 갑작스런 건강 쇠약을 나타내고 또한 예고합니다.

㉓ 고독고립금(과민격정 기질 및 고독성 기질)

기질·소질발견 및 재능·성격분석과 운(運)진단

세계인 공통적용 인류지식유산

손도사손금풀이
SDS Palmistry

손도사

학생들
어른들
직장인들
자영업자
기업인들
※세계인모두

100%
적중!

Youtube https://bit.ly/2Ewr9ZT

㉓번 손금은 손바닥 맨 아래쪽 엄지 밑동 부위에 그림처럼 비스듬히 가로 막은 모양으로 생겨있는 모든 손금을 가리키고, 전생업살을 타고나서 과민성·격정성·살(殺)기·분노조절장애·성 욕구조절 장애·습관적 성 자위행위·성폭행·살인·감옥살이·평생 외로움·인복 없음·고독성 질·고독사 등을 나타내고 또한 예고합니다.

㉓-1 고독고립금(평생 동안 외로운 '고독살' 손금)

㉓-1번 고독고립금이 손바닥 아래 부위에 그림처럼 비스듬히 가로막은 금들 중에서 어느 한 개라도 생겨있으면, 전생업으로 '고독살'을 타고나서 벌을 받아야 하기 때문에 남·여 성별 또는 사회적 신분 또는 빈·부에 상관없이 왕따·고독·고립이 되면서 '평생 동안 외로움'으로 살다가 마지막에 쓸쓸하게 죽게 됨을 나타내고 또한 예고합니다.

㉓-2 고독고립금(전생업과 고독살로 '벌 받는' 손금)

기질 · 소질발견 및 재능 · 성격분석과 운(運)진단

세계인 공통적용 인류지식유산

손도사손금풀이
SDS Palmistry

100%
적중!

Youtube https://bit.ly/2Ewr9ZT

학생들
어른들
직장인들
자영업자
기업인들
※세계인모두

㉓-2번 고독고립금이 손바닥 아래 부위에 그림처럼 생겨있고, 함께 ⑦
번 상승운막힘의 절망금, ⑩번 진행운막힘의 손해실패금, ⑬번 칠성공줄
의 열십자금, ⑭번 배신당함의 마음고생금, ⑮번 비애의 이혼사별금, ㉒
번 짧은수명금 등이 생겨있으면, 전생업과 고독살을 함께 타고나고, 전문
가 도움 없이는 개선할 수도 없음을 나타내고 또한 예고합니다.

㉔ 건강정열금

기질 · 소질발견 및 재능 · 성격분석과 운(運)진단

세계인 공통적용 인류지식유산

G ▶ N

손도사 Q

손도사손금풀이
SDS Palmistry

① ② ③ ④ ⑤ ⑥ ⑦ ⑧ ⑨ ⑩ ⑪ ⑫ ⑬ ⑭ ⑮ ⑯ ⑰ ⑱ ⑲ ⑳ ㉑ ㉒ ㉓ ㉔

100%
적중!

Youtube https://bit.ly/2Ewr9ZT

학생들
어른들
직장인들
자영업자
기업인들
※세계인모두

㉔번 손금이 엄지 밑둥의 살집이 두툼한 부위에 그림처럼 세로금들이 기다랗게 여러 개가 선명하게 생겨있으면, 건강 및 정열이 강하고 어려움에 처했을 경우에는 인복이 따르고, 선택적으로 조상의 음덕을 받게 되는 좋은 손금이며, 기색이 밝고 살집이 두툼하면 더욱 그러함을 나타냅니다.

㉔-1 건강정열금(연애운이 좋은 손금들)

기질·소질발견 및 재능·성격분석과 운(運)진단

세계인 공통적용 인류지식유산

G ▶ N

손도사 Q

손도사손금풀이
SDS Palmistry

100%
적중!

Youtube https://bit.ly/2Ewr9ZT

학생들
어른들
직장인들
자영업자
기업인들
※세계인모두

㉔-1번 건강정열금이 엄지 밑둥의 살집이 두툼한 부위에 여러 개 많이 생겨있고, 그림처럼 함께 ③번 기다란 성공행운인기금, ⑤번 감수성예민 멋스러운 섬세매력금, ⑥번 또 한 개의 감정금, ⑪번 끈질긴 생명력 사랑영향금, ⑮번 선명한 여러 개의 연애결혼금, ⑲번 자유방종방탕금 등이 생겨있으면, 대체로 연애운과 사랑운이 좋음을 나타냅니다.

㉕ 결혼 성공 '운때'를 잘 맞추는 타이밍 기술

㉕번 결혼 성공 '운때'를 잘 맞추는 타이밍 기술은 그림을 참고하여 새끼 손가락 맨아래쪽 마디금과 굵고 기다란 감정금 사이를 2등분하여 그 중간을 '일반결혼적령기'로 계산을 하고, 가장 선명하고 가장 기다랗고 잘생긴 가로금을 기준으로 잘 맞추면 되고, 이 손금이 중간보다 아래쪽은 '일찍 결혼'을, 중간보다 위쪽에 생겨있으면 '늦게 결혼'을 꼭 맞추길 바랍니다.

㉖ 결혼운이 나쁘고 '평생 동안 일하는 여성' 손금

기질·소질발견 및 재능·성격분석과 운(運)진단

세계인 공통적용 인류지식유산

G ▶ N

손도사 Q

손도사손금풀이
SDS Palmistry

100%
적중!

Youtube https://bit.ly/2Ewr9ZT

학생들
어른들
직장인들
자영업자
기업인들
※세계인모두

㉖번 결혼운이 나쁘고 평생 동안 일하는 여성 손금은 새끼손가락 아래의
가로금 ⑮번 연애운과 결혼운 손금이 그림처럼의 나쁜 모양들 중 어느 한
개가 생겨있고, 함께 ②번 직업운세금이 그림처럼 기다랗게 생겨있거나
또는 ⑳번 모험고생금이 기다랗게 생겨있으면, 결혼운이 나쁘고 어릴 때
부터 평생 동안 일하게 됨을 나타내고 또한 예고합니다.

㉗ 일자형 막쥔손금(자기중심적인 고집외골수 기질)

㉗번 일자형 막쥔손금은 ⑥번 감정금과 ⑱번 두뇌금이 안 생겨있고 그림처럼 '완벽한 일자형'을 가리키며, 자기중심적 '외골수 기질'임을 나타내고, 교육수준과 수직손금 및 상향손금의 유·무에 따라서 '대박운 또는 쪽박운'이 될 수 있으며, 비슷하게 생긴 막쥔손금과 한쪽 손만 막쥔손금이면 인생 중반에 '손해실패운'을 예고합니다.

㉘ 왼손과 오른손의 손금이 다른 형

㉘번 왼손과 오른손의 손금이 다르게 생겨있는 경우로서, 특히 한쪽 손만 막쥔금이거나 또는 한쪽 손만 생명금과 두뇌금이 떨어져 있거나 또는 왼손과 오른손의 생명금·두뇌금·감정금·직업금·결혼금 등이 다르게 생겨있으면 기질 및 성격과 소질 및 재능의 '다중성과 큰 변동운' 등을 나타내고, 이러한 사람은 개인별 '상세손금풀이'가 꼭 필요합니다.

㉙ 성공 · 출세 · 부자의 필수 '4천왕 손금'

기질 · 소질발견 및 재능 · 성격분석과 운(運)진단

세계인 공통적용 인류지식유산

손도사손금풀이
SDS Palmistry

손도사

100%
적중!

Youtube https://bit.ly/2Ewr9ZT

학생들
어른들
직장인들
자영업자
기업인들
※세계인모두

㉙번 성공 · 출세 · 부자의 필수 '4천왕 손금'은 그림처럼 네 손가락을 향한 '수직손금 및 상향손금들'을 가리키고, 국적 및 성별과 신분 및 직업에 상관없이 운세 손금들 ①번, ②번, ③번, ④번 손금들이 기다랗게 모두 잘 생겨있고 나쁜 손금들이 없으면, 대체로 운세가 강하여 어느 분야에서든 성공 및 출세와 부자가 될 수 있는 가능성이 높은 좋은 손금들입니다.

㉚ 100% 손해 · 실패를 당하는 나쁜 손금들

기질 · 소질발견 및 재능 · 성격분석과 운(運)진단

세계인 공통적용 인류지식유산

G ▶ N

손도사 Q

손도사손금풀이
SDS Palmistry

100%
적중!

Youtube https://bit.ly/2Ewr9ZT

학생들
어른들
직장인들
자영업자
기업인들
※세계인모두

㉚번 100% 손해 · 실패를 당하는 손금들은 그럼처럼과 같이 ⑦번 상승운 가로막은 선, ⑩번 진행운 가로막은 선, ⑭번 배신당하는 하향가지선, ⑮번 비애의 이혼사별선, ㉑번 역마살선, ㉓번 고독살선 등이 생겨있으면, 좋은 손금들 4천왕 손금이 생겨있더라도 결과론적으로 나쁜 운들 때문에 100% 확률로 '손해 · 실패 당함'을 나타내는 나쁜 손금들입니다.

㉛ 직업운세 손금이 길고 함께 수명금이 기다란 형

㉛번의 손금풀이는 ②번 손금은 사람 개인들 평생 동안의 경제활동능력과 직업의 운세를 가장 잘 나타내는 손금이고, 그림처럼 ②번 직업운세금이 특별히 손바닥의 위쪽 중지손가락 마디금까지 닿을 정도로 기다랗게 생겨있고 함께 ㉒번 수명금까지 아주 기다랗게 생겨있으면, 90세쯤 노년까지도 사회경제활동을 계속하게 됨을 나타내고 또한 예고합니다.

㉜ 직업운세 손금이 짧고 함께 수명금이 짧은 형

기질 · 소질발견 및 재능 · 성격분석과 운(運)진단

세계인 공통적용 인류지식유산

G ▶ N

손도사 Q

손도사손금풀이
SDS Palmistry

① ② ③ ④ ⑦ ⑥ ⑤ ⑮ ⑧ ⑫ ⑬ ⑯ ⑨ ⑪ ⑭ ⑰ ⑩ ⑱ ⑲ ㉔ ㉓ ㉒ ㉑ ⑳

학생들
어른들
직장인들
자영업자
기업인들
※세계인모두

100%
적중!

Youtube https://bit.ly/2Ewr9ZT

㉜번의 손금풀이는 그림처럼 ②번 직업운세금이 ⑥번 굵고 기다란 감정
금쯤에서 멈춘 모양으로 생겨있고 함께 ㉒번 수명금이 그림처럼 짧게 생
겨있으면, 대체로 60세쯤의 정년이 있는 직장생활 또는 변변치 않은 직업
으로 사회경제활동을 하다가 '60세쯤 전후'에 99% 확률로 갑자기 죽어버
리게 됨을 나타내고 또한 예고합니다.

㉝ 월급쟁이 직장 분야에 적합한 손금

기질·소질발견 및 재능·성격분석과 운(運)진단

세계인 공통적용 인류지식유산

G ▶ N

손도사 Q

손도사손금풀이
SDS Palmistry

100%
적중!

Youtube https://bit.ly/2Ewr9ZT

학생들
어른들
직장인들
자영업자
기업인들
※세계인모두

㉝번 월급쟁이 직장 분야에 적합한 손금은 그림처럼 특히 ②번 직업운세금이 굵고 기다란 ⑥번 감정금쯤에서 멈추어 있어야 하고, ①번 약한 상승출세금, ③번 연금수입 등 인생 후반의 약한 금전금, ④번 기술 및 재주금 등 운세를 나타내는 수직손금들이 그림처럼 대체로 짧게 생겨있으면, 안전한 '월급쟁이' 직장생활 분야가 적합합니다.

㉞ 공무원 등 월급쟁이 직장에서 '성공'을 하는 손금

기질 · 소질발견 및 재능 · 성격분석과 운(運)진단

세계인 공통적용 인류지식유산

G ▶ N
손도사 Q

손도사손금풀이
SDS Palmistry

100%
적중!

Youtube https://bit.ly/2Ewr9ZT

학생들
어른들
직장인들
자영업자
기업인들
※세계인모두

㉞번 공무원 등 월급쟁이 직장에서 성공하는 손금은 그림처럼 ②번 직업 운세금이 굵고 기다란 ⑥번 감정금의 위쪽까지 생겨있어야 하고, ①번 강한 야망출세금, ③번 성공금, ④번 수완금 등 수직금들이 잘생겨있고, 또한 ⑱번 두뇌금이 두 개가 나란히 생겨있으면, 강한 운세와 우수한 두 뇌 및 다양한 재능 등으로 반드시 '성공'을 하게 됩니다.

㉟ 월급쟁이 직장생활을 '실패'당하는 손금

기질 · 소질발견 및 재능 · 성격분석과 운(運)진단

세계인 공통적용 인류지식유산

G ▶ N

손도사 Q

손도사손금풀이
SDS Palmistry

① ② ③ ④
⑦ ⑥ ⑤
⑧ ⑫ ⑬ ⑮
⑪ ⑭ ⑯
⑨ ⑰
⑩ ⑱
⑲

100%
적중!

Youtube https://bit.ly/2Ewr9ZT

② ㉓ ㉑ ⑳
㉔ ㉒

학생들
어른들
직장인들
자영업자
기업인들
※세계인모두

㉟번 월급쟁이 직장생활을 '실패'당하는 손금은 그림처럼 대체로 수직금들이 짧거나 또는 약하거나 또는 안 생겨있고, 함께 나쁜 손금들인 ⑦번 상승운 가로막힘 선, ⑨번 난폭성 기질선, ⑩번 진행운 가로막힘 선, ⑲번 방종방탕탈선선, ㉑번 변동역마살선, ㉓번 고독고립살선 등 중에서 2가지 이상이 생겨있으면, 100% 확률로 직장생활을 실패당하게 됩니다.

㊱ 프리랜서 등 '독립활동'에 적합한 손금

기질 · 소질발견 및 재능 · 성격분석과 운(運)진단

세계인 공통적용 인류지식유산

손도사손금풀이
SDS Palmistry

100%
적중!

학생들
어른들
직장인들
자영업자
기업인들
※세계인모두

㊱번 프리랜서 등 '독립활동'에 적합한 손금은 생명금과 두뇌금이 출발을 하는 ⑧번 부위에서 서로 떨어져 ⑱번 독립두뇌금 모양으로 생겨있으면, '강한 독립성 기질'을 타고나 간섭 및 속박을 싫어하고, 이러한 사람은 프리랜서 등 '독립 및 개인활동'이 적합합니다. 한쪽 손만 떨어져있으면 100% 확률로 '일 실패 또는 결혼 실패' 당하게 됨을 예고합니다.

㊲ 두뇌 및 정신활동 분야에 적합한 손금

기질 · 소질발견 및 재능 · 성격분석과 운(運)진단

세계인 공통적용 인류지식유산

G ▶ N

손도사 Q

손도사손금풀이
SDS Palmistry

100%
적중!

Youtube https://bit.ly/2Ewr9ZT

학생들
어른들
직장인들
자영업자
기업인들
※세계인모두

㊲번 두뇌 및 정신활동 분야에 적합한 손금은 그림처럼 손바닥에 굵고 기다란 손금들과 짧거나 가느다란 손금들이 엄청 많이 생겨있고, 또한 손이 작고 손가락이 대체로 길거나 가늘거나 매끄럽고, 손바닥의 피부가 부드럽고 깨끗하고 외모까지 지성적으로 보이면 두뇌활동이 많고 복잡한 '지식노동 및 정신활동' 분야가 직업적성에 알맞습니다.

140 완성판 손금풀이

�38 노동 및 육체활동 분야에 적합한 손금

�38번 노동 및 육체활동 분야에 적합한 손금은 그림처럼 손바닥에 굵고 기다란 기본손금들만 3~4개가 뚜렷하게 생겨있고, 또한 엄지 밑둥과 손아귀가 발달해 있고 손가락이 짧고 피부가 거칠고 손바닥이 딱딱하고 외모가 야성적이면 '노동 및 육체활동' 분야가 적합하고, 이처럼 손금의 개수가 적게 생겨있는 사람은 반드시 사주와 얼굴관상을 함께 봐야 합니다.

㊴ 외부활동 영업직 및 운전직 분야에 적합한 손금

기질 · 소질발견 및 재능 · 성격분석과 운(運)진단

세계인 공통적용 인류지식유산

G ▶ N

손도사 Q

손도사손금풀이
SDS Palmistry

100%
적중!

Youtube https://bit.ly/2Ewr9ZT

학생들
어른들
직장인들
자영업자
기업인들
※세계인모두

㊴번 외부활동 영업직 및 운적직 분야에 적합한 손금 또는 떠돌이 일용직 및 현상노동직 분야에 적합한 손금은 그림처럼 굵고 기다란 ㉒번 생명수명금에서 밖으로 **뻗쳐내린** ㉑번 활동성 기질 역마살 손금들이 선명하고 기다랗게 생겨있어야 '외부활동'이 직업적성에 가장 알맞습니다.

기질 · 소질발견 및 재능 · 성격분석과 운(運)진단

세계인 공통적용 인류지식유산

G ▶ N

손도사 Q

손도사손금풀이
SDS Palmistry

100%
적중!

Youtube https://bit.ly/2Ewr9ZT

학생들
어른들
직장인들
자영업자
기업인들
※세계인모두

㊵번 프로운동선수에 적합한 손금은 특히 ⑨번 공격투쟁금과 ㉒번 생명 금이 굵고 깊게 그리고 가장 선명하게 생겨있거나 또는 두 개가 나란히 생 겨있고, 특히 일자형 막쥔손금이 생겨있으면 정신력과 체력이 강하여 프 로운동선수가 적성에 알맞고, 그림처럼 ①번, ②번, ③번, ④번 4천왕 수직금들이 쭉쭉 기다랗게 생겨있으면 '큰 성공'을 할 수 있습니다.

㊶ 기획 · 연구 · 개발 등 분야에 적합한 손금

기질 · 소질발견 및 재능 · 성격분석과 운(運)진단

세계인 공통적용 인류지식유산

손도사손금풀이
SDS Palmistry

100%
적중!

학생들
어른들
직장인들
자영업자
기업인들
※세계인모두

㊶번 기획 · 연구 · 개발 등 분야에 적합한 손금은 특히 굵고 기다란 ⑱번 두뇌지능금이 그림처럼 비스듬히 직 · 곡선으로 아주 기다랗게 생겨있거나 또는 두 개가 나란히 생겨있으면 상상력 · 연구력 · 기획력과 두뇌가 뛰어나 적성에 알맞고, 함께 ①번, ②번, ③번, ④번 4천왕수직금들이 쭉쭉 기다랗게 생겨있고 나쁜 손금들이 없으면 '큰 성공'을 할 수 있습니다.

㊷ 디자인 · 패션 · 아트 등 분야에 적합한 손금

기질 · 소질발견 및 재능 · 성격분석과 운(運)진단

세계인 공통적용 인류지식유산

G ▶ N

손도사 Q

손도사손금풀이
SDS Palmistry

① ② ③ ④ ⑤ ⑥ ⑦ ⑧ ⑨ ⑩ ⑪ ⑫ ⑬ ⑭ ⑮ ⑯ ⑰ ⑱ ⑲ ⑳ ㉑ ㉒ ㉓ ㉔

100%
적중!

Youtube https://bit.ly/2Ewr9ZT

학생들
어른들
직장인들
자영업자
기업인들
※세계인모두

㊷번 디자인 · 패션 · 아트 등 분야에 적합한 손금은 ④번 개성재주금, 특히 ⑤번 토막선 의미 섬세함 · 감수성예민 · 색체감각 · 패션감각 · 미적감각 등이 좋기 때문에 ⑤번 손금이 생겨있고 또한 ⑧번 부위가 붙어있는 신중성으로 생겨있으면 적성에 알맞고, ①번, ②번, ③번, ④번 4천왕수직금들이 모두 생겨있으면 '성공'을 할 수 있습니다.

㊸ 연예인 · 예능 · 예술 등 분야에 적합한 손금

㊸번 연예인 · 예능 · 예술 등 분야에 적합한 손금은 ④번 개성재주금, 특히 ⑤번 손금들이 생겨있고, ⑪번 손금, ⑮번 손금이 많이 생겨있고, ①번, ②번, ③번, ④번 수직금들과 ⑳번 손금이 아주 기다랗게 생겨있고 ②번 손금에 상향금이 합치거나 상향가지금이 생겨있으면 '큰 성공'을 하고 100억대 및 1,000억대의 부자가 될 수 있습니다.

㊹ 술집 화류계의 종사원에 적합한 손금

기질 · 소질발견 및 재능 · 성격분석과 운(運)진단

세계인 공통적용 인류지식유산

G ▶ N

손도사 Q

손도사손금풀이
SDS Palmistry

100%
적중!

Youtube https://bit.ly/2Ewr9ZT

학생들
어른들
직장인들
자영업자
기업인들
※세계인모두

㊹번 술집 화류계의 종사원에 적합한 손금은 특히 ⑤번 감수성예민금과 ⑥번 이중감정금이 생겨있고, ⑮번 연애결혼금이 많이 생겨있고, 특히 ⑲번 방종방탕금이 생겨있고, ⑳번 젊은 나이 모험고생금과 ㉑번 변동 역마살금 등이 생겨있고, 사주와 얼굴관상에도 도화살이 함께 들어있으면 도화살 활용의 술집 등 '서비스직업'에 적합함을 나타냅니다.

㊺ 종교성직자 및 점술가 분야에 적합한 손금

㊺번 종교성직자 및 점술가 분야에 적합한 손금은 특별히 ⑬번 칠성십자금이 반드시 생겨있어야 하고, ⑥번 감정금의 중간에서 긍휼심과 자비심의 약한 마음을 나타내는 하향가지선이 생겨있고, ㉓번 고지식고독금이 생겨있어야 합니다. ②번 직업운세금과 수직금들이 함께 기다랗게 많이 생겨있으면 '성공함'을 나타냅니다.

㊻ 정치·의원·단체장에 적합 및 출세하는 손금

기질·소질발견 및 재능·성격분석과 운(運)진단

세계인 공통적용 인류지식유산

G ▶ N

손도사 Q

손도사손금풀이
SDS Palmistry

100%
적중!

Youtube https://bit.ly/2Ewr9ZT

학생들
어른들
직장인들
자영업자
기업인들
※세계인모두

㊻번 정치·의원·단체장으로 출세하는 손금은 특히 ①번 손금 야망성 취욕구 상승출세금이 선명하고 아주 기다랗게 생겨있어야 하고, ②번 손금 및 출세권력지향의 상향가지금, ③번 손금, ④번 손금까지 수직금들이 쭉쭉 뻗쳐오르고, ⑨번 공격투쟁금까지 생겨있으면 선거에서 이기고 출세하게 됨을 나타내고 또한 예고합니다.

㊼ 정치·의원·단체장에 낙선 및 실패하는 손금

㊼번 정치·의원·단체장에 낙선 및 실패를 하고, 구설·망신을 당하는 손금은 ②번 손금이 짧거나 중간에 가로금이 생기고, 특히 ⑦번 상승운 가로막은 선, ⑧번 한쪽 손만 떨어진 모양, ⑩번 손바닥 가운데를 기다랗게 가로막은 선, ⑮번 결혼 실패선, ⑲번 방종방탕선, ㉑번 역마살선, ㉓번 고독고립살선 등이 생겨있으면 반드시 낙선 및 실패를 예고합니다.

㊽ 장사 · 영업 · 개인사업에 적합 및 성공하는 손금

기질 · 소질발견 및 재능 · 성격분석과 운(運)진단

세계인 공통적용 인류지식유산

G ▶ N

손도사 Q

손도사손금풀이
SDS Palmistry

학생들
어른들
직장인들
자영업자
기업인들
※세계인모두

100%
적중!

Youtube https://bit.ly/2Ewr9ZT

㊽번 장사 · 영업 · 개인사업에 적합 및 성공하는 손금은 그림처럼 '수직금 및 상향금'들이 기다랗고 많이 생겨있어야 하고, 특히 ①번 강한 성취욕구노력금, ②번 근면성실직업운세금, ③번 금전성공행운금, ④번 수완상재사업금 등이 잘 생겨있고, ⑨번, ⑪번, ⑰번, ⑳번 손금 등도 생겨있으면 사업에 적합하고 성공을 합니다.

㊾ 장사 · 영업 · 개인사업을 100% '실패'하는 손금들

기질 · 소질발견 및 재능 · 성격분석과 운(運)진단

세계인 공통적용 인류지식유산

손도사손금풀이
SDS Palmistry

100%
적중!

학생들
어른들
직장인들
자영업자
기업인들
※세계인모두

㊾번 장사 · 영업 · 개인사업을 100% 실패하는 손금들은 나쁜 손금들 ⑦번 모든 상승운가로막은 선, ⑧번 한쪽 손만 떨어진 모양, ⑩번 인생의 가장 중한 것을 순차적으로 진행운을 가로막은 선, ㉑번 변동성역마살선, ㉓번 고독고립살선 등이 생겨있으면, 아무리 노력을 하더라도 운(運)이 가로막히고 나빠서 100% '손해실패당함'을 나타내고, 예고 및 경고합니다.

㊿ 부모사업 후계자로 적합 겸 성공하는 손금

기질 · 소질발견 및 재능 · 성격분석과 운(運)진단

세계인 공통적용 인류지식유산

G ▶ N

손도사 Q

손도사손금풀이
SDS Palmistry

100%
적중!

Youtube https://bit.ly/2Ewr9ZT

학생들
어른들
직장인들
자영업자
기업인들
※세계인모두

㊿번 부모사업 후계자로 적합 겸 성공하는 손금은 특히 ②번 직업운세금이 생명금 안쪽에서 출발형이 가장 많고, 그림처럼 ①번, ②번, ③번, ④번 4천왕수직금들이 2개씩 또는 기다랗게 잘생겨있고, 특히 ②번 직업운세금이 기다랗게 2개가 생겨있거나 상향가지선까지 생겨있고, ⑦번, ⑩번, ㉓번 나쁜 손금들이 없으면 '큰 성공'을 할 수 있습니다.

�51 입지전적으로 성공 · 출세 · 부자형 손금

기질 · 소질발견 및 재능 · 성격분석과 운(運)진단

세계인 공통적용 인류지식유산

G ▶ N

손도사 Q

손도사손금풀이
SDS Palmistry

100%
적중!

Youtube https://bit.ly/2Ewr9ZT

학생들
어른들
직장인들
자영업자
기업인들
※세계인모두

�51번 입지전적으로 성공 · 출세 · 부자형 손금은 그림처럼 ①번 손금이 선명하고 아주 기다랗게 생겨있고, ②번 손금이 선명하고 아주 기다랗게 생겨있고, ③번 손금이 손바닥 아래 부위 바깥쪽에서 출발하여 아주 기다랗게 생겨있고, ④번 손금이 끊긴 곳이 없이 아주 기다랗게 생겨있고, ⑦번, ⑩번, ㉑번, ㉓번 나쁜 손금들이 없으면 '큰 성공'을 합니다.

�52 아파트 추첨 및 로또 1등 당첨 등 '횡재운' 손금

기질 · 소질발견 및 재능 · 성격분석과 운(運)진단

세계인 공통적용 인류지식유산

G ▶ N

손도사 Q

손도사손금풀이
SDS Palmistry

100%
적중!

Youtube https://bit.ly/2Ewr9ZT

학생들
어른들
직장인들
자영업자
기업인들
※세계인모두

�52번 아파트 추첨 및 로또 1등 당첨 등 '횡재운' 손금은 특히 약지 아래 부위와 소지 아래 부위에 가장 잘 나타내주고, 그림처럼 ③번 손금 및 이곳에 별문양이나 ④번 손금이 선명하게 생겨있어야 하고, 꿈이 잘 맞고 좋은 꿈을 꾸어야 하며 '꿈풀이'를 잘하고, 추첨 및 복권을 구입하는 '날짜 택일'을 잘 맞추면, 이러한 사람은 '횡재운'을 반드시 잡을 수 있습니다.

㉝ 업살로 태어난 '운(運) 나쁜' 손금들

기질 · 소질발견 및 재능 · 성격분석과 운(運)진단

세계인 공통적용 인류지식유산

G ▶ N

손도사 Q

손도사손금풀이
SDS Palmistry

① ② ③ ④ ⑤ ⑥ ⑦ ⑧ ⑨ ⑩ ⑪ ⑫ ⑬ ⑭ ⑮ ⑯ ⑰ ⑱ ⑲ ⑳ ㉑ ㉒ ㉓ ㉔

학생들
어른들
직장인들
자영업자
기업인들
※세계인모두

100%
적중!

Youtube https://bit.ly/2Ewr9ZT

㉝번 업살로 태어난 '운(運) 나쁜' 손금들은 대체로 ⑦번 상승운 가로막은 손금, ⑧번 부위에 한쪽 손만 떨어진 손금, ⑨번 손금, ⑩번 진행운 가로막은 손금, ⑬번 손금, ⑭번 손금, ⑮번 손금들, ⑲번 손금, ㉑번 역마살 손금, ㉓번 고독살 손금들이고, 나쁜 손금들이 실제로 생겨있고 운(運)이 나쁜 사람들은 개인별 손금풀이로 '종합운명진단'이 꼭 필요합니다.

㊴ 각종 사고와 질병으로 '빨리 죽는' 손금들

기질 · 소질발견 및 재능 · 성격분석과 운(運)진단

세계인 공통적용 인류지식유산

G ▶ N

손도사 Q

손도사손금풀이
SDS Palmistry

학생들
어른들
직장인들
자영업자
기업인들
※세계인모두

100%
적중!

Youtube https://bit.ly/2Ewr9ZT

㊴번 '빨리 죽는' 손금들은 그림처럼 기본 3대손금들 중 어느 한 개가 중간에 끊겨있거나 또는 ㉒번 생명수명금이 짧게 생겨있거나 또는 ㉑번 손금및 ㉓번 손금이 생겨있거나 등이고, ⑮번 손금은 그 배우자가 해당이 되고, 위 나쁜 손금들 중 어느 한 개가 생겨있고 부모님이 각종 사고 및 질병으로 수명이 단명했으면, 이러한 사람은 '종합운명진단'이 꼭 필요합니다.

세계1등 손금풀이 손도사의 운명자가진단

사람의 기질·소질·재능·성격분석과 종합운명진단

® © 木 火 水 金 土

손도사손금풀이
SDS Palmistry
010-5105-5000

세계인 공통적용 인류지식유산

G ▶ N

손도사 Q

**100%
적중!**

파란색 - 좋은손금
빨간색 - 나쁜손금

Youtube https://bit.ly/2Ewr9ZT

학생들
어른들
직장인들
자영업자
기업인들
※ 모든사람

①상승출세금 ②직업운세금 ③성공행운금 ④재주사업금
⑤섬세매력금 ⑥심장감정금 ⑦절망좌절금 ⑧성급신중금
⑨공격투쟁금 ⑩손해실패금 ⑪생명끈기금 ⑫노력개운금
⑬칠성십자금 ⑭배신비관금 ⑮이별이혼금 ⑯반항저항금
⑰인내성공금 ⑱두뇌지능금 ⑲방종방랑금 ⑳모험고생금
㉑변동역마금 ㉒생명수명금 ㉓고독고립금 ㉔건강정열금

12) 손도사 손금풀이 '운명자가진단' 총 정리 글

   이 책 《완성판 손금풀이》는 1990년대부터 그동안의 손도사 저술책 7 권과 2020년 3월부터 2022년 10월까지 코로나19 펜데믹 재앙 때에 구글, 유튜브, 네이버 등에 올린 '손도사 손금풀이' 동영상 130개를 모아서 체계적으로 '재편집'을 한 세계인 공통적용의 인류발전을 위한 지식유산이고, 손도사는 평생 연구한 '손도사 손금풀이'를 업적으로 세상에 남기는 것입니다.

   손도사 손금풀이의 손금들 중에서 ①번, ②번, ③번, ④번, ⑪번, ⑫번, ⑰번 손금들은 대체로 '좋은 손금'이고, ⑦번, ⑨번, ⑩번, ⑬번, ⑭번, ⑮번, ⑲번, ㉑번, ㉓번 손금들은 '나쁜 손금'이며. 위 손금들 중에서 ①번, ②번, ③번, ④번 수직금들은 성공운세의 필수 '4천왕 손금'이라 하며, 손금풀이는 기본 3대손금과 세로 4대손금 및 상향가지선들이 많이 또는 기다랗게 잘 생겨있을수록 '운세가 강함'을 나타냅니다…….

세계1등 손금풀이 손도사의 운명자가진단

사람의 기질·소질·재능·성격분석과 종합운명진단

세계인 공통적용 인류지식유산

G ▶ N

손도사 Q

손도사 손금풀이
SDS Palmistry
010-5105-5000

**100%
적중!**

파란색 - 좋은손금
빨간색 - 나쁜손금

Youtube https://bit.ly/2Ewr9ZT

학생들
어른들
직장인들
자영업자
기업인들
※ 모든사람

①상승출세금 ②직업운세금 ③성공행운금 ④재주사업금
⑤섬세매력금 ⑥심장감정금 ⑦절망좌절금 ⑧성급신중금
⑨공격투쟁금 ⑩손해실패금 ⑪생명끈기금 ⑫노력개운금
⑬칠성십자금 ⑭배신비관금 ⑮이별이혼금 ⑯반항저항금
⑰인내성공금 ⑱두뇌지능금 ⑲방종방탕금 ⑳모험고생금
㉑변동역마금 ㉒생명수명금 ㉓고독고립금 ㉔건강정열금

사람들 개인의 손금은 과거전생 때의 인과 및 습성과 부모조상의 유전성이 함께 '섭리 및 법칙'으로 작용하여 어머니 뱃속에서 태아 때부터 생기기 시작하고, 태어나서 7살때까지 형성이 되어가며, '운명작용법칙'에 따라서 사람 개인들의 기질 · 소질 · 체질 · 지능 · 재능 · 성격 · 강점 · 약점 · 장점 · 단점 · 특성 · 질병 · 수명과 약 100가지의 운(運)을 정확하게 나타내줍니다.

　'손도사 손금풀이'는 손도사가 입산수도로 '신통술초월명상기도'를 할 때 하늘신(神 · God)들로부터 영적으로 계시와 전수를 받았고, 하산(下山) 후 약 10만 명을 운명진단 및 인생상담을 해 주면서 '검증'이 된 100% 적중의 귀중한 운명정보입니다.

　'손도사 손금풀이'는 동양인 및 서양인과 세계 모든 민족 및 사람들에게 '공통적용'을 할 수 있고, 완벽하게 '세계표준'이 되었습니다. 이 책에 실려있는 손금 그림과 명칭들 및 손금에 살(煞)적용과 그림표현 방식 및 사용용어 등은 손도사가 평생 연구한 손도사 창작물이고, 2003년도부터 저작권 확보로 '세계지식재산보호대상물'임을 명시해 두고, 인류지식유산의 '손도사 손금풀이'가 사람 개인들의 천성적 기질 · 체질 · 소질발견 및 지능 · 재능 · 성격분석과 운명진단으로 공부와 직업의 적성검사 그리고 인생진로 선택에 널리 사용되길 바라면서 세상 끝까지 전파되길 소망합니다!!

　현재 손도사는 손금풀이의 세계 1등으로서 손금풀이의 전설이 되었고, 이 세상에 왔다 가면서 좋은 일 한 가지를 남길 생각에 인류발전을 위한 가치관으로, 평생 연구한 손금풀이를 '인류지식유산'으로 남기고자 '손도사 손금풀이'를 책으로 또 엮어 진심을 담아 세상에 전달합니다……

이 손금풀이 책의 손금들 중에서 특히 나쁜 손금들 ⑦번 손금, ⑨번 손금, ⑩번 손금, ⑬번 손금, ⑭번 손금, ⑮번 손금, ⑲번 손금, ㉑번 손금, ㉓번 손금들이 실제로 생겨있거나 또는 ⑧번 부위에 한쪽 손만 떨어진 모양으로 생겨있거나 또는 한쪽 손만 일자형 막쥔손금으로 생겨있는 사람으로서 실제로 '운(運)이 나쁜 사람들'과 생명금·두뇌금·감정금 등의 기본 3대손금이 중간에 끊겨있거나 생명금이 짧게 생겨있는 사람들 그리고 좋은 손금들이 실제로 생겨있고 '야망이 큰 사람들'은 모두가 상세 손금풀이 + 사주풀이 + 이름풀이 + 얼굴관상 + 전생과 핏줄운내림 등을 동시에 함께 봐주는 '손도사 종합운명진단'을 꼭 한 번 받아보시길 진심으로 알려드립니다…….

이 책 손도사 손금풀이가 딱 들어맞은 사람들은 모두 찾아오세요!!

정확한 평생운명진단과 성공방법 및 문제 해법을 다 가르쳐 줍니다.

혼자 고민하지 말고, 세계 어느 곳에서든 누구든 문의바랍니다~.

전화는 010-5105-5000번이고, 꼭 필요한 분만 예약을 바랍니다.

자기 자신의 천성적 기질·소질·재능계발과 운(運) 개선으로 누구나 1등이 될 수 있고, 성공·출세·부자가 될 수 있고, 우주생명에너지 활용으로 100살까지 건강하게 살 수 있고, 깨우침과 거듭남으로 위대한 삶을 살 수 있으며 세상 사람들 모두가 행복한 삶을 살아갈 수 있습니다.

손도사가 그렇게 만들어 드리겠습니다…….

제2부

성공 · 출세 · 부자가 되는
가르침
'손도사 어록'

성공 · 출세 · 부자가 되는 가르침
'손도사 어록'

좋은 책 한 권으로 평생 동안 잘 사는 인생지혜를…….

"세상과 인생은 아는 만큼 보이고, 능력과 운(運)으로 살아간다."

사람의 주인공은 영혼이고, 영혼들은 윤회의 법칙에 따라 삼생(三生)을 살아가고, 사람의 몸을 받아 이 세상에 다시 태어날 때는 우주하늘자연의 오묘한 섭리와 전생의 업(業)에 따른 인연법으로 부모를 만나고, 또다시 조상부모님의 핏줄유전성이 함께 작용하면서 각각의 사람은 천성적인 기질 및 소질과 100가지의 운(運)을 타고납니다.

일단 이 세상에 사람으로 태어났으면, 타고난 천성적 기질 및 성격분석과 소질 및 재능발견을 잘하고, 자기 자신의 강점 및 장점 등 '유리한 것'을 잘 계발하여 죽을 때까지 살아남기 위한 '무한경쟁' 속에서 어떻게든 성공출세를 해야 하고, 부자가 되어야 하고, 아프지 않고 100세까지 잘 살면서 반드시 '행복'해야 하며 책을 읽고 깨우침과 깨달음으로 '영혼진화'를 계속해 나아가야 합니다.

성공출세와 부자가 되려면 가장 먼저 '아는 것'이 많아야 합니다.

부자가 되려면 직업을 잘 가져야 하고, 그리고 투자와 영업 및 사업을 알아야 하고, 마케팅을 잘 해야 하며 자본주의 경쟁사회에서는 반드시 경제관념을 가지고 '부동산과 금융'을 많이 알아야 합니다.

반드시 적절한 최적의 운때 '운(運)타이밍'을 잘 맞춰야 하고, 잘 아는 것에만 투자를 잘 해야 하며 죽을 때까지 '자산관리와 돈관리'를 잘 해야 합니다.

모든 운(運)은 오르막 내리막이 있고, 크게 움직이는 대운(大運)은 약 100년 주기 및 10년 주기이고, 작게 움직이는 소운(小運)은 약 4년 주기 및 1년 주기이니 운때에 잘 맞춰서 '변동계획'을 잘 세워야 합니다.

21세기 제4의 큰 물결 변화와 첨단의 시대에서는 인공지능 및 로봇과 '직업경쟁'을 해야 하고, 또한 각종 사고발생의 위험들? 태풍 및 홍수와 바이러스 및 괴질과 전쟁 등 수 많은 '재앙들'로부터 반드시 살아 남아야 합니다.

끝까지 살아남는 사람이 최후의 승리자입니다.

21세기 무한경쟁과 자국우선주의 불확실 자본주의사회에서 개인들은 '인생3단계' 성공발전의 방법으로 누구든 1단계로 자기 앞가림 민생고 해결 1억 원은 모아야 하고, 2단계로 10억 원은 모아야 하며, 3단계로 평생 동안 100억 원쯤의 '자산가'가 되어야만 하고 싶은 것을 할 수가 있고, 진정한 자유와 행복을 누릴 수 있습니다.

21세기 산업과 문화에서 혁명이 일어나고 있는 '제4의 물결' 새로운 시대에는 새로운 삶의 방식으로 살아가야 하고, 이러한 혼돈과 불확실시대에는 '좋은 책'을 꼭 읽으면서 생존과 성공방법을 배우고, 더욱 큰 위대한 성공을 위해서는 깨우침과 깨달음을 얻어 우리의 주인공 영혼 진화를 잘 해가면서 삶의 진짜 목표인 '해탈과 대자유'도 꼭 이루어야 합니다.

21세기를 살아가는 현대인들은 모두가 ① 부유함 ② 무병장수 ③ 깨달음 등 '인생 3박자'를 함께 꼭 성공시켜야 합니다.

위 3가지 중에서 어느 한쪽이라도 부족하면 결코 안 됩니다.

21세기 실용철학가 손재찬(손도사)의 '인생3단계 성공론'과 '인생3박자 성공론' 그리고 '천성소질재능운(運)인간계발론'은 실제 삶의 경험을 통해 얻은 실천적 실용철학입니다…….

필자는 실제로 잘 사는 가르침을 주는 스승을 못 만나고 또한 젊은 나이 때부터 사업을 하면서 의지할 데가 없으니 산전수전을 다 겪어 보았고, 다양한 경험들을 통해 계속 배우고 터득을 하면서 부동산과 금융으로 성공을 하고, 나름대로 분야별 한국 최고로 큰 사업을 하다가 큰 사고로 쓰러지면서 비록 큰손실을 당했지만 결코 삶을 포기하지 않고, 다시금 인생 가치관을 바꾸고 스스로 입산수도를 선택하였고, 10년 동안을 두문불출 도(道)를 닦고 '신통술 초월명상기도'로 직접 신(神·God)들과 소통을 하면서 신통력과 큰 깨달음을 이루고, 이제는 최고의 정신세계 및 영혼세계의 '특수공익사업'을 펼치면서 삶의 성공 기술 가르침을 주고 있습니다.

타고난 운명을 알고, 이제부터는 '나의 길'을 가고 있습니다…….

이제 초늙은이가 되어 후인들과 이 책을 읽고 있는 독자들에게 단 몇 글귀라도 삶을 살아가는 데 '도움'이 되어드리고자, 필자가 젊은 날부터 평생 동안 투자와 사업을 해오면서 배우고 체험하고 터득한 평생의 경험지식과 동양의 정신철학 그리고 10년 동안 천기신통초월명상 산(山)기도를 할 때에 얻은 많은 깨달음과 하늘자연의 섭리와 신(神)들의 존재 등 엄청난 '비밀지식'을 천기누설해서 일반사람들이 평생 동안을 살아가면서 정말로 꼭 필요한 '종합실용지식'의 가르침을 책으로 전달해 주고자 합니다.

　다음의 쭉~ 열거하는 글귀들은 책 제목과 상관없이 누구나 한 번씩은 꼭 읽어둬야 하는 세상에서 가장 귀중한 '삶의 기술 및 지혜'들이니 꼭 이해를 하면서 아주 천천히 정독으로 읽어보시기 바랍니다.

- 여기에 열거하는 글모음은 그동안 '손재찬 도사 어록'의 글들입니다.
- 세상 사람들 모두가 평생 꼭 한 번씩 읽어보시길 진심으로 전달합니다.
- 한 번 읽어보시면 세상을 보는 '안목과 통찰력'이 10배로 높아집니다.
- 소크라테스는 2,300년 전에 '너 자신을 알라'고 말했고, 21세기 손도사는 '너 자신의 타고난 사주와 손금을 꼭 알라'고 말한다.
- 사람의 운명은 전생의 습성 및 업살과 핏줄의 유전성이 함께 작용을 한다.
- 사람 개인들은 태어날 때 각각의 천성적인 '기질과 소질'을 타고난다.
- 타고난 천성적인 '기질과 소질'은 평생 동안 죽을 때까지 바뀌지 않는다.
- 사람은 태어날 때의 사주와 손금으로 99%의 운명이 '설정'되어 버린다.
- 태어날 때의 정확한 시간을 모르는 사람들은 '손금'을 꼭 함께 봐라~.
- 병원에서 수술로 태어난 사람들은 사주보다는 '손금'을 더욱 중요시하라~.
- 같은 날 같은 시간에 태어난 쌍둥이는 사주가 같아도 손금은 다르다!!
- 지문은 사람식별의 정확한 데이터공학이고, 손금은 더욱 정확한 인성과 운(運)데이터공학이며 이 세상 80억 명 중에 똑같이 생긴 손금은 없다.
- 우주하늘자연의 오묘한 섭리작용법칙 및 통계학적 데이터공학과 독창성 연구로 완성한 '손도사 손금풀이'는 위대한 업적이다.
- 운명암호손금에는 개인의 운(運)이 '99% 정도'가 정확히 나타나 있다.
- 사람 개인의 '평생운명감정'은 사주+얼굴+손금+전생을 꼭 함께 봐라~.

- 개인들의 천성적 기질 및 소질과 재능 및 성격을 잘 살피고 운(運)까지 잘 살펴서 적합성에 알맞은 '공부와 직업'을 정말로 잘 선택하라~.
- 세상과 인생살이는 운(運)의 진실을 모르면 눈 뜬 봉사격이다.
- 자본주의 현대사회에서 돈을 잘 벌려면 개인의 타고난 '재물운'을 꼭 알라.
- 모든 선거에 출마하려면 먼저 점(占)술로 나이 운때의 '당선운'을 꼭 알라.
- 직장에서 승진을 잘 하려면 점(占)술로 나이 운때의 '승진운'을 꼭 알라.
- 결혼을 잘 하고 싶은 사람은 가장 먼저 타고난 '결혼운'을 꼭 알라.
- 부모가 단명자 또는 위험한 일을 하는 사람들은 '수명운'을 꼭 알라.
- 현재 불치병 및 난치병 등 모든 환자들은 타고난 '수명운'을 꼭 알라.
- 성공출세를 하려면 하늘자연의 섭리와 운명의 법칙을 꼭 알아야 한다.
- 나이가 '9수와 삼재수'에 걸릴 때는 운때가 나쁘니 최고로 조심을 하라.
- 사고발생 · 손해 · 실패 · 이혼 · 관재수 · 죽음 등은 '나쁜 운때'에 꼭 당한다.
- 이사를 갈 경우에는 방위를 가려서 손 없는 '좋은 방향'으로 잘 가라.
- 날짜를 택일할 경우에는 반드시 생기복덕천의 '길일'을 꼭 선택하라.
- 건물 · 공장 · 집을 짓거나 조상묘소를 쓰고는 '3년 동안'을 조심하라.
- 이사를 하거나 묘소개장 및 화장을 하고는 '1년 동안'을 조심하라.
- 조상묘소를 건들거나 화장을 할 때는 반드시 '조상천도재'를 해드려라.
- 조상묘소와 납골탑 · 수목장 등은 좋은 명당터를 잘 선택하라.
- 명당터에 묘를 쓰거나 집을 지으면 '즉시 발복'이 반드시 이루어진다.
- 박사 배출 및 고위공직과 자수성가로 성공출세와 부자가 된 사람들은 태어난 곳과 조상님 묘자리가 '명당자리'에 많이 위치하고 있다.
- 성공출세 및 부자가 꼭 되고 싶은 사람들은 태어난 고향산 또는 국립공원 등 명당자리에 비밀로 '특수비방'을 해두면 큰 행운이 일어날 수 있다.

- 조상님의 혼령과 후손의 영혼은 혼(魂)으로 '함께 운(運)작용'을 계속 한다.
- 자녀들의 손금에 두뇌선·감정선·생명선이 중간에 끊겨있거나 짧게 생겨 있으면, 즉시 운명진단으로 '수명운'부터 꼭 한 번 확인을 받으라~.
- 사람 개인들의 손금은 우주하늘자연의 '오묘한 섭리'로 태어날 때 7개에서 100개 이상까지 생겨지고, 7세 무렵까지 계속 형성이 되기 때문에 어릴 때의 교육과 가정환경은 매우 중요하다.
- 아이들은 어릴 때에 성격 형성과 '소질 및 재능발견'을 잘해 주어야 한다.
- 자녀들은 7살까지와 20살까지 잘 성장하는 것이 1차 생존법이다.
- 자녀들의 손금을 꼭 한 번 잘 살펴보고 만약 생명금이 위쪽에서 끊겨있으면 어릴 때 100% 죽을 고비만큼 '생명 위험'을 겪게 되거나 또는 죽음을 예고 및 경고한다.
- 천재와 영재는 99% 선천적으로 태어난다.
- 자녀들의 손금 중에서 '특이한 손금'으로 천재 및 영재 발굴을 하라.
- 자녀들의 손금에서 천성적 '소질과 재능' 발견을 잘 하라~.
- 학생들은 천성적 소질과 재능을 빨리 발견 '집중계발'을 잘 해주어라.
- 가장 좋은 교육정책은 학생들의 천성적 '소질재능운(運)인간계발'의 활용 이다.
- 정권이 바뀌어도 계속 유지될 수 있는, 손재찬 박사도사가 주창한 모든 국 민들 100년대계의 '천성기질소질재능운(運) 인간계발론'을 꼭 적용하라~.
- 사람 개인들의 천성적인 기질과 소질은 죽을 때까지 바뀌지 않는다.
- 손재찬 박사도사는 개인들이 타고난 천성적 기질과 소질 및 재능발견과 운 (運) 예측으로 공부와 직업의 진로선택 등 '적성검사'의 최고 전문가이다.
- 개인들의 상세한 운명정보는 《손도사 손금풀이》를 검색·활용을 하라~.

- 인류 지식유산 세계인 공통적용 '손도사 손금풀이'는 여러 가지 '유형별로 분석'하여 약 1,000가지의 상세운을 '종합진단'해볼 수 있다.
- 필자 손재찬 박사도사는 영재 발굴 및 인간계발의 최고 전문가이다⋯⋯.
- 자녀들을 잘 키워둬야 훗날 '명문가'가 되고 효도와 가문유지를 잘한다.
- 명문가들과 종가집들은 전통승계와 대대로 '조상'을 잘 받들고 살아간다.
- 명문가가 되고 싶거든 조상 묘소 선영에 돌제단과 석등을 꼭 세우라.
- 모든 종교의 성소에는 금촛대를 두고, 출입구에는 석등을 꼭 세우라.
- 금촛대와 석등은 영원한 불밝힘의 '축복 빛'을 상징한다⋯⋯.
- 사람들은 '관심'이 있거나 또는 찾고 있는 것만 눈에 보인다.
- 사람의 뇌는 한 번 관심을 가지면 스스로 계속 '의식'을 하게 된다.
- 이제부터는 진짜로 잘 살기 위한 방법론에 '관심'을 가져라!!
- 사람은 하늘의 천기(天氣)와 땅의 지기(地氣)로 살아간다.
- 좋은 땅을 소유하는 사람들은 반드시 성공출세와 부자가 된다.
- 성공출세와 부자가 되려면 '자산의 포트폴리오'를 잘 짜라.
- 자산의 포트폴리오는 부동산·주식·예금·보험·연금 등이다.
- 모든 사람은 이 책을 꼭 한 번 읽고 '부동산과 경제공부'를 해두어라~.
- 부동산은 용도별 사용가치와 수요·공급에 따라 값이 매겨진다.
- 대한민국의 국토는 '세계물류'의 부동산공학에서 위치가 참 좋다.
- 대한민국의 국토면적은 약 10만km²이고, 해상의 섬은 약 3,600개이며, 사람이 살고 있는 섬은 약 500개이고, 공유수면 매립이 계속 진행 중이다.
- 국토의 개발은 용도에 따른 수요·공급과 물류의 효율성을 위해서는 도시 주변과 항구 주변을 '계획복합개발'로 진행해 나아가야 한다.
- 국토의 개발은 정부가 10년 계획과 5년 단위로 조정을 하고 있다.

- 부동산정책은 공급확대 및 조정과 자유시장경제에 맡기라~.
- 부동산 땅의 개념에서 건축물이 있는 토지는 '건부지'라 하고, 건축물이 없는 토지는 '나지'라 하고, 건축물이 없는 대지는 '나대지'라 하고, 건축물의 바닥면적을 제외한 토지부분은 '공지'라 하고, 타인의 토지에 둘러 싸여 도로가 없는 토지는 '맹지'라 하고, 소유권은 인정되고 활용실익이 없는 토지는 '법지'라 하고, 해변처럼 활용실익은 인정되나 소유권이 인정되지 않는 토지는 '빈지'라 하고, 놀리고 있는 토지는 '유휴지'라 하고, 농지 등에서 쉬게 하는 토지는 '휴경지'라 하고, 하천 및 강으로 침식된 토지는 '포락지'라 하고, 고압선 아래의 토지는 '선하지'라 하고, 택지 이용의 최원방으로 멀리 떨어진 토지는 '한계지'라 하고, 자연상태 그대로의 토지는 '소지' 또는 '원지'라 한다.
- 부동산투자는 먼저 땅을 살피고, 다음으로 건물을 잘 살펴라.
- 부동산투자는 먼저 지역을 살피고, 다음으로 개별물건을 살펴라.
- 부동산의 가치는 도로접도와 편리성 등 '위치'가 중요하다.
- 부동산투자는 활용성·접근성·편의성·쾌적성·조망성·환금성·가치성 등 일반적 '대중선호도'가 좋은 것을 잘 선택하라.
- 화재와 소방차 접근이 불리한 골목길집 또는 초고층집은 피하라~.
- 앞쪽에 나대지공터 또는 노후 건축물이 있는 곳은 반드시 피하라~.
- 기존에 있는 집의 앞쪽에 새 건축물이 들어서면 큰 손해를 당한다.
- 부동산투자는 매매차익 또는 임대수요가 많은 것을 잘 선택하라.
- 땅투자는 반드시 도로변이나 새로운 도로가 뚫리는 곳 또는 개발이 예상되는 곳을 남보다 먼저 '선점'을 잘 하라.
- 부동산투자는 신문광고 등 기획부동산권유에는 절대로 속지 말라.

- 부동산의 분양광고 등은 대다수가 뻥튀기와 '사기성'이 너무 많다.
- 은행금리 3배 이상 수익률 또는 연 7% 이상 수익배당금지급 또는 수익확정 증서발급 등의 부동산분양광고들은 모두가 '거짓말'이고, 잘못 속으면 10년 이상 손실과 피해를 당한다.
- 정상적인 부동산임대의 평균 수익률은 약 4~5%선이다.
- 평균 수익률보다 저조하거나 아예 수익이 없는 경우에는 물건운(運)이 나쁘거나 또는 물건주인운(運)이 나쁘거나 둘 중 하나가 분명하다.
- 특히 분양형 호텔의 시행사 및 위탁운영사 등은 결코 믿지 말라!!
- 그러나, 필자 손재찬 박사도사는 대형집합건물 서울 '동대문 쇼핑몰'과 종로3가 '국일관'의 대주주 겸 회장을 역임한 부동산 경험으로 분양형 호텔 속초라마다의 고문을 맡고, 100개 분양형 호텔 중에서 연 수익률 6~7% 배당을 7년째 계속 지급해 주고 있는 '수익률 1등호텔'로 만들어 주었다.
- 동해바다 속초시 대포항 바닷가 오션뷰 최고의 '속초라마다 호텔'은 코로나 팬데믹 때에도 투자자들에게 6% 수익배당을 계속 지급해 주었다.
- 계속 6% 이상 수익배당은 우리나라 900개 전체 호텔 중 최고 수익률이다. 동해바다 속초시 대포항구의 바다에 접한 '속초라마다호텔'은 풍수지리의 최고 길지 중 하나이고, 동해 바다의 일출이 '환상적'이며 침대에 누워서도 동해 일출을 볼 수 있고, 관리 운영이 아주 잘 되고 있다.
- 분양형 호텔의 관리단 구성과 운영은 전문지식 및 경험이 꼭 필요하다.
- 집합건물 분양형 호텔의 관리위원회가 호텔직영을 하기 위해 호텔 운영법인 직접 설립과 호텔기업 책임경영을 위해 이사회를 구성하고 '이사회 의장' 시스템 도입은 속초라마다 호텔이 우리나라 900개 호텔 중에서 첫 번째 시도이고 성공실천 중이다.

- 속초라마다 호텔은 회장 · 의장 · 대표이사 · 총지배인 운영체제이고, 역할 분담으로 '견제와 협조'의 합리적인 기업경영시스템이다.
- 필자 손재찬 회장은 현재 전국에 부동산등기권리증을 100개쯤 소유 및 운영과 수많은 기업 오너들에게 '고문 및 자문'을 해 주고 있다……. (분양형 호텔과 아파트에서는 공동집합건물운영관리 및 사업경영 등의 경험이 부족한 사람들이 설치면 '99% 망하게 됨'을 꼭 충고합니다.)
- 모든 자본투자를 할 때는 자기 자신의 재물운과 금전운 그리고 성공운 등 반드시 먼저 '운세점(占)'을 꼭 한 번 보고 그리고 결정을 잘 하라.
- 투자를 해놓고 손실과 피해를 당하면 즉시 '운(運)상담'을 꼭 받으라~.
- 부동산투자를 할 경우에 지역 · 지구 · 구역 등이 지정되어 있는 곳은 각종 '행위제한'이 많으니 잘 살펴보고 조심을 하라.
- 부동산투자는 입지분석과 국가정부의 정책결정 및 개발계획정보 등에 대해 항상 '관심'을 가지고, 부동산 책을 읽으면서 '공부'를 꼭 하라.
- 투자는 '수요와 공급'의 예상과 장기적인 '개발계획' 등을 잘 분석하라.
- 부동산투자는 미래 역세권이 될 지역, 큰 집객시설이 들어설 지역, 큰 녹지공원이 생길 지역, 도로가 생길 지역 등을 잘 살펴라.
- 부동산투자는 '토지이용계획확인서'를 발급받아 그 내용을 살피고 '지적도'를 발급받아 경계와 도로 및 도로계획선 등을 꼭 확인하라.
- 부동산투자는 '자기 집' 마련부터 최우선으로 먼저 하라.
- 한국사람은 부동산과 주택의 '소유개념'이 강하기 때문에 특히 공공임대주택 건설을 강조하는 정부정책 등은 반드시 실패하게 됨을 전달한다.
- 자기 집 마련과 집은 일하는 직장과 가장 '가까운 곳'을 잘 선택하라.
- 출 · 퇴근시간을 최소로 해서 그 시간을 다른 용도로 활용을 잘 하라.

- 하루 1시간 이상씩 출·퇴근시간만 아껴도 10년을 이익 본다.
- 집 값이 가장 비쌀 때와 시기에는 결코 아파트 매입과 분양을 받지 말라.
- 산이 높으면 골이 깊은 것처럼 반드시 3~4년 후 '집값 폭락'이 발생한다.
- 집을 구입하고자 할 때는 10년에 한두 번 '폭락'할 때를 기다리라.
- 불경기와 집값 및 주식의 '대폭락'은 10년에 한두 번씩 꼭 발생을 한다.
- 시간투자로 폭락장과 불경기의 '바닥 운때'를 기다리고 기다려라.
- 부동산 투자 및 주식투자 등을 계획 할 경우에는 자기 자신의 사주와 손금에서 '재물운과 투자운때'를 반드시 확인을 하고 그리고 기술투자를 하라~.
- 집을 살 경우에는 주위환경·조망·햇볕·바람·교통을 잘 살펴라.
- 미래투자 겸 주거용 아파트 분양은 인구감소 진행과 핵가족 등의 수요예측에 따라서 선택을 잘 하고, 반드시 바람이 불어오는 방향과 일조권 및 조망권과 슈퍼 및 병원과 대중교통 및 주차 등 '편리성'을 잘 살펴라.
- 가정집은 층호 숫자·안방·거실·주방·화장실·대문을 잘 살펴라.
- 가정집 주택은 '잠을 잘 자게 해주는 집'이 가장 좋은 명당자리이다.
- 잠을 잘 자는 '숙면'은 인체가 우주자연의 기(氣)를 받는 중요한 기능이다.
- 잠을 잘 자는 '숙면'을 할 수 있으면 건강과 운이 저절로 좋아진다.
- 편안히 잠을 못들게 하거나 숙면을 못하는 집은 가장 나쁜 집이다.
- 특히 살(殺)기운과 수맥 및 냉혈의 땅위에는 집과 묘를 쓰지 말라.
- 살(殺)기운과 수맥 및 냉혈자리는 영혼과 사람이 숙면을 못한다……
- 잠을 편히 숙면을 못 하거나 집안이 안 풀리면 대부분 조상묘자리 및 집터가 나쁘니 즉시 점(占)을 꼭 한 번 봐라~. 점술은 고도의 통찰력이다!
- 터 기운이 쎈 곳 도깨비터에는 가정집을 절대로 짓지 말라~.
- 주거용 주택은 소음공해가 없고 '주변환경'이 좋은 곳을 선택하라.

- 상업용 건물과 가게는 비탈진 경사지대와 높은 지대는 꼭 피하라.
- 상업을 하는 부동산은 물류의 중심 쪽 '목 좋은 곳'을 잘 선택하라.
- 상가는 역세권 · 큰길가 · 평지 · 많은 유동인구 · 주차편의 및 접근성과 발전하는 지역 및 상가운영관리가 잘 되는 곳을 잘 선택하라.
- 집합건물상가 또는 다중시설상가는 '출입구 근처'가 가장 좋다.
- 일반 모든 상가는 1~2층이 가장 비싸고 장사가 잘된다.
- 일반상가의 2층 분양가 및 임대료는 1층의 약 60%선이다.
- 상가는 지역과 층별 여건을 감안한 '업종선택'이 가장 중요하다.
- 일시적으로 유행을 타는 부동산투자는 '공급과잉'으로 손해를 조심하라.
- 특히 테마상가분양 및 분양형 호텔이 '공급과잉'이 발생되면 투자수익률이 낮아지고, 활성화에 실패하면 투자자들은 큰 손해가 발생된다.
- 상가투자는 발전지역과 활성화 '가능성'이 높은 곳을 잘 선택하라.
- 모든 상가는 처음 활성화에 실패하면 '10년 동안'을 손해 당한다.
- 부동산주인들은 관리운영의 '부실징후'가 보이면 즉시 매도를 하라.
- 부동산 매매와 전세는 '등기부'를 꼭 확인하고 주인과 계약을 하라.
- 잔금 지급 날은 모든 서류를 돌려받고 돈 지불을 '동시'에 행하라~.
- 부동산의 매매 또는 임대차계약서에는 '특약사항'을 잘 써 넣어라.
- 부동산에 딸린 부합물과 종물은 '주물'의 권리처분에 따라간다.
- 집합건물은 건물이 주물이고, 땅은 '대사사용권'으로 종물이다.
- 부동산을 산 경우 압류 · 가등기 · 가처분 등이 있으면 꼭 피하라.
- 부동산 권리의 방어적 · 지능적 방법으로 '가등기' 활용을 잘 해두어라.
- 부동산의 임차인은 전세등기 또는 확정일자를 꼭 해두어라.
- 큰 건물 및 복잡한 건물 등의 주인 임대인은 임대차계약을 할 때 '제소전 화

해조서'를 꼭 해두어라.

- 제소전 화해조서는 확정판결 같은 효력으로 쉽게 '명도'를 받는다.
- 지분소유자 및 구분소유자 등이 복잡한 곳에는 투자를 '조심'하라~.
- 공동소유건물은 다량지분자 또는 과반수 이상자가 '관리권'을 가진다.
- 집을 '부부공동소유'로 등기를 하면 절세와 상호신뢰가 좋아진다.
- 한 집안의 가장은 반드시 최고로 좋은 '큰 방'을 꼭 사용하라~.
- 집주인은 최고로 중요한 층 또는 가장 큰 공간을 꼭 사용하라~.
- 집안의 가장이나 주인이 '작은 공간'을 쓰면 점점 운(運)이 나빠진다.
- 부동산은 가장 안전하고 귀중한 평생 동안의 '자기 자산'이다.
- 가장 안전하고 귀중한 자기 자산인 부동산을 결코 포기하지 말라.
- 서툴고 잘못된 정책들은 정권이 바뀌면 합리적으로 바뀌어진다.
- 미래의 건축물은 모두가 심각한 기후변화에 대한 '에너지 효율성'과 화재예방 및 폭우침수 등에 '준비와 대비'를 잘하라~.
- 미래의 도시와 주택 등은 모두 '스마트형' 개념으로 바꾸어 나가라.
- 자본주의 사회에서 돈과 재물 및 개인의 자산관리는 참으로 중요하다.
- 돈은 삶을 유지하고 자아실현과 행복을 위한 절대 '필요조건'이다.
- 돈은 인간의 품격과 자존심을 세워주고 '인간답게' 살게 해준다……
- 평소에 또는 어쩌다 꿈을 꿀 때에 '꿈이 잘 맞는 사람들'은 정확한 운때를 잘 맞춰 '로또복권'을 꼭 사라~.
- 좋은 꿈을 꾸고 날짜 택일의 '운때'만 잘 맞추면 1등 복권당첨이 가능하다.
- 로또복권 1등 당첨의 확률은 99.99%가 운(運)이다.
- 횡재운과 재물운이 좋은 사람만 '로또 1등 당첨'이 될 수 있다.
- 정확한 꿈풀이와 날짜운때를 맞추는 것은 도사님께 꼭 물어보아라~.

- 인생대박의 '횡재운'은 평생에 한두 번뿐이니 반드시 잘 붙잡아라~.
- 운때를 잘 맞추는 '운(運)타이밍'은 인생과 투자의 최고 기술이다.
- 꿈이 안 맞는 사람들은 땀 흘려서 '자기 노력'으로 부자가 되어라.
- 부자는 돈의 주인님이 되지만, 가난뱅이는 돈의 노예가 된다.
- 필요한 만큼의 돈과 재산이 꼭 있어야 진정한 '자유와 행복'을 누린다.
- 악착같이 돈 벌어서 폼 나게 살아보고 '인간대접'을 꼭 받으라.
- 현대사회는 많은 재산과 부동산 소유자들의 '신계급사회'이다!!
- 현대사회는 현금 및 재물과 부동산이 많아야 '상류층'이 될 수 있다.
- 그러나 소유한다는 것은 그 소유물에 얽매일 수도 있음을 알라~.
- 무엇에 집착을 하면 노예가 되고, 집착을 않으면 자유로워진다.
- 현대사회에서의 소유방법은 '집착 않는 소유'가 가장 좋은 방법이다.
- 집착 않는 소유의 방법으로 자유로운 '진짜 부자'가 꼭 되어라~.
- 돈을 벌려면 반드시 목표와 계획 그리고 준비를 철저히 세우라.
- 돈을 벌려면 우선적으로 '재테크공부'부터 반드시 시작을 하라.
- 모든 여성과 주부들은 가정 살림살이 경제와 재테크를 꼭 공부하라.
- 재테크를 잘하고 자산을 가지면 부부간에도 '귀한 대접'을 받는다.
- 재테크 공부와 자산관리는 일찍부터 그리고 '평생 동안'을 계속하라~.
- 재테크를 하려면 금융 · 주식 · 부동산 그리고 '운(運)'을 알아야 한다.
- 부자가 되고 싶거든 가장 먼저 사주와 손금에서 '재물운'을 꼭 알아두어라.
- 손금에서 재물운은 '손도사 손금풀이'의 ③번과 ④번 손금이 확실하다.
- 모든 사람들은 타고난 천성적 기질 · 성격 · 재능과 재물운으로 월급쟁이 또는 개인사업 등 '직업선택'을 잘하라.
- 특별한 재주 및 기술과 아이템이 있으면 그것을 '사업화'를 잘 시켜라.

- 원천기술 및 특허권 · 상표권 · 저작권 등을 반드시 소유하라!!
- 저작권은 출판 등 공표를 하고, 상표권은 등록을 해야 한다.
- 특별한 재주 및 기술을 사업으로 성공하려면 '성공운'을 꼭 점(占) 봐라~.
- 부자가 되고 싶거든 투자와 개인사업으로 영업 및 장사에 뛰어들어라.
- 개인사업을 시작할 때는 가게 등의 계약과 인수및 양수를 잘 받으라.
- 가게의 상호와 영업권 등은 '포괄승계와 한정승계'가 있다.
- 가게인수 및 사업인수 등을 할 때는 '양 · 수도계약'을 잘 해야 한다.
- 양도인이 복잡하고 빚이 많을 경우에는 말썽꺼리를 방지하기 위해 가게이름과 회사이름 등을 바꾸어 버려라.
- 가게 또는 회사를 인수 및 양수받을 때는 꼭 '전문가상담'을 받으라~.
- 직장보다는 '직업'을 더 중시하고, 꼭 하고 싶은 분야에 '창업'을 하라.
- 처음 창업을 할 때는 고정지출비용을 최소화하고 꼭 경험을 쌓으라.
- 처음 창업을 할 때는 가장 잘하는 곳을 '모방벤치마킹'하여 그곳보다 더 잘할수 있도록 항상 연구를 하라.
- 모든 사업과 영업 및 장사는 시대 흐름의 '트렌드'를 잘 읽어라.
- 모든 사업과 투자가는 글로벌 정치와 경제 등 '뉴스'를 잘 살펴라.
- 영업과 장사 등 자기 사업을 잘 하려면 항상 '원가계산'을 잘하라.
- 갑자기 가게장사 및 사업이 안될 경우에는 운 막힘의 '상문살'이 90%이다.
- 갑자기 가게장사 및 사업이 안될 경우에는 즉시 점(占)을 꼭 봐라~.
- 점(占)술은 역술 및 신통술로 왜 그런지?를 알아내는 최고의 방법이다.
- 일반 사람들이 볼 수 없는 것을 볼 수 있는 '초능력'은 미신이 아니다.
- 상문살인지? 도깨비터신 문제인지? 운 때문인지? 해법을 찾아야 한다.
- 영업과 장사를 잘 하려면 가게 안에 '종교 상징물'을 두지 말라~.

- 영업집에 종교 상징물이 있을 경우에 타 종교인은 거부감을 느낀다.
- 가게 오픈과 영업 및 장사를 할 때는 계절적 '타이밍'을 잘 맞춰라~.
- 영업과 장사 등 판매를 잘 하려면 항상 '가망고객'을 연구하라.
- 영업과 장사를 잘 하려면 손님고객과는 절대로 싸우지 말라.
- 판매를 잘하려면 동종업계 1등점을 '벤치마킹'도 잘 생각해보라.
- 잘하는 곳의 벤치마킹 모방전략은 '저비용고효율'의 판매기술이다.
- 자기 자신이 잘 할 수 있는 것의 '유리한 장점'을 최대로 활용을 잘하라.
- 영업과 장사 판매를 잘 하려면 깔끔한 옷차림과 예의바름으로 '첫 인상'을 좋게 하고, 미소와 친절서비스로 '호감'을 계속 심어가라.
- 판매를 할 때는 첫인상 3초와 첫마디 말 10초가 가장 중요하다.
- 판매를 할 때는 처음 15초 동안에 '관심'을 잘 끌면 성공을 한다.
- 판매나 광고를 할 때는 그 상품이 안겨줄 '유익함'을 잘 강조하라.
- 판매광고를 할 때는 감성적 구매욕구와 동기를 잘 유발시켜라.
- 판매광고를 할 때는 그림과 소리로 '감정효과'를 최대화시켜라.
- 눈으로 귀로 마음으로 함께 느낄 수 있게 '이미지표현'을 잘 하라.
- 눈으로 보는 것은 더욱 빠르고 강력하며 기억 속에 오래 남는다.
- 사업과 영업 및 장사를 잘하려면 '판매 마케팅전략'을 잘 세우라.
- 모든 영업과 상품들은 가격경쟁력과 품질경쟁력으로 계속 싸운다.
- 판매를 할 때는 잘 파는 '목표'에 집중을 하고 또한 집중시켜라.
- 최초 판매 및 기획 판매를 할 때는 '미끼상품' 전략을 잘 쓰라.
- 사업 및 영업의 마케팅을 잘 하려면 '현지맞춤형' 서비스로 나아가라.
- 영업과 장사를 잘 하려면 여러 번 '재사용'하는 방법을 연구하라.
- 영업과 장사를 잘 하려면 원가절감과 폭리 등의 방법을 연구하라.

- 영업과 장사를 잘 하려면 손님과 고객을 끌어들이는 미끼용 '집객상품'과 이익을 많이 남길 수 있는 '수익상품'을 함께 팔아라.
- 영업과 장사를 잘 하려면 '계속 구매와 이용'을 하도록 만들어가라.
- 영업과 장사를 계속 잘 하려면 돈 벌고 있음을 아무도 모르게 하라.
- 영업과 장사를 할 때는 장사 냄새가 풍기지 않게 잘 하라.
- 영업 및 장사와 사업을 계속 잘 하려면 특별히 '단골관리'를 잘 하라.
- 단골손님과 함께 온 손님에게도 각별하게 잘 대접을 하라.
- 단골손님을 만들어가려면 반드시 '주인'이 직접 매장을 잘 지켜라.
- 영업과 사업을 할 때는 '오랫동안 한다'는 마음자세로 잘 해나가라.
- 영업과 장사 판매를 잘 하려면 '관련 상품'을 함께 취급을 하라.
- 영업과 장사 판매를 잘 하려면 '고객의 취향'을 항상 연구하라.
- 영업과 장사 판매를 잘 하려면 '말솜씨'를 맞나게 잘 사용하라.
- 모든 판매를 할 때 가장 흥미로운 것은 가격의 '불확정원리'이다.
- 어떻게 판매할까?에 따라서 저가물건을 높은 고가에 팔 수도 있다.
- 모든 가격은 상황 및 가치에 따라서 임의적으로 '변경' 가능성이 있다.
- 상품의 가격을 정할 때는 합리적 '저가 마케팅' 또는 사치 허영심의 정서적 '고가마케팅' 방법 등 기획 및 전략을 잘 짜라.
- 상품의 가격을 정할 때는 가격 중심의 '저가상품' 또는 가치 중심의 '고가상품' 그리고 '중간상품' 등으로 가격 구분을 세분화시켜라.
- 물건과 상품의 '희소성 가치'는 사람들에게 구매 결정을 스스로 재촉한다.
- 판매를 할 때는 ① 제한된 수량 ② 곧 가격인상 ③ 오늘만 가격인하 ④ 곧 마감시한 등을 '마케팅방법'으로 활용을 잘 하라.
- 음식점은 맛있게 보이는 음식그림과 맛있는 냄새를 잘 풍겨라.

- 외식업은 업종에 따라 낮장사 또는 밤장사가 있고, 평일장사 또는 주말장사가 있고, 메뉴에 따라 계절장사가 있으니 '장사계획'을 잘 세우라.
- 식당 및 외식업을 개업하려면 ① 가망고객분석 ② 상권분석과 장소선택 ③ 투자여력의 규모산정 ④ 메뉴선정 및 가격결정 ⑤ 고객 감동의 서비스 차별화 등 '계획과 준비'를 잘하라~.
- 음식업은 고객친절과 청결 및 '음식맛'으로 승부를 각오해야 한다…….
- 모든 가계와 기업 그리고 상품 및 사람은 평판이 참 중요하니 고객과 사람들로부터 '평판관리'를 계속 잘 해나가라~.
- 관계된 주변사람들로부터 틀림없는 사람이라는 '신뢰'를 계속 심어나아가라.
- 비즈니스할 때의 '약속'은 반드시 이행을 잘해야 한다…….
- 사업과 영업을 잘하려면 업계와 협회의 '모임'에 꼭 참여를 하라.
- 업계의 모임과 행사는 황금같은 정보와 인맥을 만들어준다.
- 모임과 행사를 할 때는 어떻게든 연설·강연·의견발표 등의 '발언기회'를 얻고 자신의 얼굴을 알리고 '입지'를 굳혀 나아가라.
- 발언을 할 때는 주제와 본질을 잘 알고 '근거'로 말을 잘하라~.
- 말을 시작할 때는 누구나 '공감'할 수 있는 것으로 시작을 하라.
- 말을 끝맺을 때는 핵심요약과 동의를 얻어내고 행동을 유도시켜라.
- 연설과 강연 등을 할 때는 깔끔하게 옷을 잘 차려입어라.
- 옷차림새는 그 사람의 첫 번째 명함이고 이미지를 좋게 심어준다.
- 성공출세와 비즈니스를 잘 하려면 '명함사용 및 관리'를 잘하라~.
- 비즈니스로 명함을 건넬 때는 함께 자기 자신을 말로 '소개'를 하라.
- 비즈니스로 명함을 받을 때는 약 10초 정도는 꼭 읽어보라.

- 명함을 건네고 받을 때 '관심'을 가져주면 상대로부터 호감을 얻는다.
- 명함을 받으면 날짜 · 장소 · 용건 등을 뒷면에 꼭 '메모'해 두어라.
- 명함관리는 ① 꼭 필요성 ② 불필요성으로 분류처리를 잘하라.
- 꼭 필요성 명함은 잘 보관을 하고, 불필요성 명함은 버려라.
- 비즈니스로 친분을 잘 쌓으려면 함께 꼭 '식사'를 잘하라~.
- 비즈니스로 식사 또는 음료와 술을 주문할 경우에는 대접받는 사람에게 먼저 권하고 같은 것으로 주문을 하라.
- 비즈니스 만남은 오직 '비즈니스 성공'만 생각을 집중하라!
- 모든 투자 및 영업과 장사는 경제의 호황 및 불황에 '준비'를 잘하라.
- 모든 사업가와 투자는 국가의 금융정책 '기준금리'를 잘 살펴라.
- 기준금리는 경기가 좋을 때는 인상을 하고, 나쁠 때는 인하를 한다.
- 기준금리가 인상되면 이자 증가로 기업과 가게는 부담이 많아진다.
- 기준금리를 인하하면 이자 부담이 줄어들고 투자가 많아진다.
- 재테크의 기본은 우선 최대한의 저축으로 '종잣돈'을 꼭 만들어라.
- 종잣돈을 만들려면 최대한 수입을 늘리고 '통장관리'를 잘 하라.
- 통장 및 계좌관리는 ① 공과금납부 자동이체용 ② 목돈마련용 ③ 투자돈 관리용 ④ 사업등록자의 국세청 신고용 ⑤ 예비자금용 등 3~5개로 용도에 따른 '계좌분류'를 잘 하라.
- 연금상품은 장기간 동안이고, 만약을 대비히는 것이니 누구나 일찍부터 평생 재테크와 노후준비로 반드시 '연금 가입'을 꼭 해 두어라.
- 21세기 100세 시대에서는 '평생재테크 계획'을 종합적으로 잘 세우라!
- 고등재테크로 큰돈을 벌려면 금융공부와 금융투자 및 운용을 잘 하라.
- 금융은 자본주의사회 시장경제의 두뇌이고 엔진이다.

- 21세기 금융세계화는 혜택과 위험성을 항상 함께 내포하고 있다.
- 금융시스템은 제대로 작동되면 모든 경제 분야에 혜택을 주고, 잘못 작동되면 엄청난 재앙을 불러온다.
- 금융과 경제의 위기는 '순환반복법칙'에 따라 계속 발생을 한다.
- 금융위기는 금융회사의 신뢰가 무너질 때 발생하는 것이다.
- 금융위기는 ① 은행위기 ② 외환위기 ③ 외채위기 ④ 체계적 금융위기 등으로 나눈다.
- 은행위기는 뱅크런(예금인출사태)현상이 발생하는 것이다.
- 외환위기는 자국의 통화가치폭락 등이 발생하는 것이다.
- 외채위기는 외국에서 빌린 채무를 갚지 못해서 발생하는 것이다.
- 체계적 금융위기는 금융중개기능에 일시적 심각한 문제가 생기면서 실물경제에까지 위기가 파급되는 것이다.
- 경제위기는 ① 금융위기 ② 재정위기 ③ 실물경제위기 등이다.
- 어느 국가에 금융위기 또는 경제위기 등이 발생을 하면 핫머니와 헤지펀드 등이 일시에 공격을 감행하고 수익만 챙기고 빠져나간다.
- 핫머니는 투기적 이익만을 위해 글로벌 금융시장을 이동하는 '단기자금' 등이다.
- 모든 사람은 금융위기와 경제위기에 철저히 '대비'를 잘 하라.
- 외국자본이 개입된 금융위기는 '환율위기'로 많이 나타난다.
- 외국자본이 빠져 나갈 때는 달러 등 '외환'으로 바꾸기 때문이다.
- 특히 기업들의 정기총회 후 매년 4월에는 외국자본투자의 '배당지급' 등 때문에 달러가 가장 많이 빠져나간다.
- 모든 사람은 이익과 손해 그리고 공포 때문에 스스로 움직인다!

- 모든 사람은 '자기 입장'에서 이해득실로 사물을 바라보고 판단을 한다.

- 모든 국가와 기업은 '이해득실'로 의사결정 및 행동들을 취한다.

- 특히 한 국가의 경영은 '국방과 외교 및 통상'이 가장 중요하다!

- 대통령은 통찰력으로 국방과 외교 및 통상을 잘 해 나가라~.

- 모든 문제는 '이해득실'로 예측과 진실규명을 하면 해결이 잘 된다.

- 외국의 자본들은 대체로 타국가의 정부를 신뢰하지 않는다.

- 경제상황이 악화되면 도덕적 해이와 역선택 현상이 더욱 심해진다.

- 수출이 나빠지면 각국은 자국화폐를 절하하는 '환율경쟁'을 벌인다.

- 시중의 유동성증가는 부동산과 주식시장에 '자산거품'을 일으킨다.

- 경제가 '최고점'으로 오를 때는 자본투자 및 자산매입을 하지 말라.

- 변곡점이 되는 일시적 최고금리 때와 최저금리 때는 빚을 내서라도 반드시 '투자'를 해 놓아라~.

- 일시적 금리는 경제상황에 따라 변동을 할 뿐이니 자산들의 '내재가치'를 잘 살펴라.

- 주식과 부동산이 폭락을 할 때는 빚을 내서라도 꼭 '투자'를 해두라~.

- 국가 · 기업 · 개인들에게 금융지식과 금융운용은 정말로 중요하다.

- 모든 국가와 교육기관은 자국민들에게 '금융공부'를 많이 시켜라.

- 금융공학이 앞선 미국 경제는 파생금융 때문에 망하지는 않는다.

- 세계 제1기축통화인 '미국 달러'의 운용정책을 연구 및 주시를 잘 하라.

- 미국 달러는 5~6단계로 운용을 하고, 강달러와 약달러로 반복을 한다.

- 달러가 세계 제1기축통화인 미국경제는 결코 망하지 않는다.

- 그러나 재정적자가 계속되면 국가도 기업도 결국 어려워진다.

- 고등재테크로 큰돈을 벌려면 주식공부와 주식투자를 잘 하라.

- 주식투자는 좋은 기업에 '장기간 투자'를 기본원칙으로 하라.
- 주식을 살 때는 대상 기업의 '내재가치' 발견을 가장 중요시하라!
- 저평가된 주식과 가치주·성장주·우량주·배당주를 중요시하라.
- 주식과 선물 투자는 예측도 중요하지만 '대응'은 더욱 중요하다.
- 선물시장은 90%의 수익이 10%의 투자자에게 돌아간다.
- 선물거래는 주식·채권·통화·원자재 등 다양한 기초상품을 '미래일정시점의 정해진 가격에 사고팔기로 약속한 것'으로 선물거래소를 거쳐 이루어진다.
- 선물시장은 제로섬게임의 도박이니 일반인들은 결코 뛰어들지 말라~.
- 선물·가상화폐·코인·주식 등 투자는 자기 자신의 '재물운'을 꼭 알라!!
- 자기 자신의 타고난 운명에 '재물운'이 약한 사람은 아무리 두뇌가 좋을지라도 반드시 투자실패로 큰 손해를 당하고 '개인파산'까지 갈 수도 있다.
- 손도사 손금풀이의 '세로 4대손금'이 약하면 재물운이 약하다.
- 모든 투자는 투자대상의 장점과 단점을 정확히 '파악'을 잘 하라.
- 투자를 할 때는 투자대상의 '내재가치와 미래전망'을 잘 살펴라.
- 투자대상을 파악하지 못할 경우에는 절대로 투자를 하지 말라~.
- 자기 자신이 모르는 분야나 이해를 못하거든 결코 투자를 하지 말라~.
- 투자의 정석은 '자신이 잘 아는 것'에만 투자하는 것이다.
- 투자의 진리는 '좋은 물건'에 대한 장기투자를 하는 것이다.
- 투자의 기술은 최저가 매입과 최고가 매도이고 세금절세이다.
- 모든 투자에서 가장 중요한 것은 '치명적 실수'를 하지 않는 것이고, 치명적 실수는 평생 후회와 재기 불능에 빠질 수 있다.
- 모든 투자에서 치명적인 실수를 범했다고 판단이 되면, 경제지식과 직접

투자 경험을 많이 갖춘 1류급 운명상담사를 찾아가 '앞으로의 운(運)'을 꼭 점검 및 확인을 받으라~.

• 투자 및 사업 등에서 유동성 돈 문제가 발생될 경우에는 '경제지식'을 겸비하고 실력이 높은 1류급 운명상담사를 꼭 찾아가라~.

• 개인들의 사주와 손금에는 '재물운과 성공운'이 정확하게 나타나 있다.

• 모든 실패는 불합리성 및 무지함과 기본을 어긴 데서 비롯된다…….

• 투자에 성공하려면 앞날의 '재물운과 성공운'을 꼭 점(占)와 두어라~.

• 앞날의 재물운과 성공운이 나쁜 사람은 반드시 '손해실패'를 당한다.

• 투자에 성공하려면 맡기지만 말고, 스스로 공부하여 '관리'를 잘 하라.

• 투자에 성공하려면 자신만의 노하우 전략과 기술을 꼭 갖추어라.

• 모든 투자는 투자대상의 '내재가치'에 있으니 기업의 신기술개발과 재무상태 및 경영상황 등을 반드시 직접 살펴라.

• 신기술개발 특허로 '핵심지적재산권'을 확보한 강소기업과 벤처기업을 발굴하고 잘 주시하여 남보다 '앞선 투자'를 잘 하라.

• 사업과 투자를 할 때는 경제동향파악 '경기선행지수'를 잘 살펴라.

• 경기선행지수는 약 6개월 후의 경기흐름을 '예측'하는 지표이고, 100 이상이면 경기상승을, 100 이하이면 경기하락이 예상된다는 뜻이다.

• 항상 세계 경제와 환율·금리·증시 등 '추세흐름'을 잘 관찰하라.

• 모든 시장은 추세에 따라 움직이고 '평균지수'는 모든 것을 나타낸다.

• 시장은 추세가 형성되면 지속이 되고, 외부요인이 발생하면 또다시 추세전환이 일어난다.

• 외부요인으로 추세전환이 생길 때마다 '역발상'의 투자와 투기로 차익과 큰 수익을 얻고 또다시 얻으라.

- 증시의 조정은 주식을 적정가격으로 매입할 수 있는 좋은 기회이고, 증시의 폭락은 주식을 헐값에 매집할 수 있는 절호의 기회이다.
- 국제사회의 큰 이슈와 예고 및 위기에 따라서 항상 '최저가매수와 최고가매도'를 꾸준히 잘 해 나가라.
- 글로벌 사회 세계 곳곳의 경제가 어려운 '폭락장'만 잘 찾아다녀라.
- 폭락장세는 반드시 폭등장세로 바뀌고 '큰수익'을 얻는다!!
- 주기법칙으로 2020년 3월 미국 다우지수의 대폭락 및 한국 코스피지수의 대폭락처럼, 대공포일 때마다 최저점쯤에서 '올베팅투자'를 꼭 해두어라~.
- 돈 투자에 관하여 잘 모르는 사람들은 손도사가 가르쳐 주는 방법대로 또는 손도사가 '신통점괘'로 찍어준 곳에 투자를 잘하라~. 2020년 3월 18일경 최저점일 때 주식에 투자한 사람들 중에서 코로나 위기 상황에서도 손도사가 '신통점괘'로 찍어준 신풍제약 주식은 1년에 10배 이상 고수익을 내었고, 비트코인 등은 1년에 10배 가까이 고수익을 내었다.
- 신풍제약 주식과 비트코인은 그후 약 70%까지 폭락이 되었다.
- 모든 투자는 '실제수익률'을 가장 중요시해야 하고, 소문과 광풍이 불 때는 최고점이니 즉시 '처분'을 해 버려라~.
- 수익률 투자는 '최고점'을 잘 맞춰야 하고, 운타이밍으로 처분을 잘 하라~.
- 손도사의 '신통점괘' 투자방법은 정확한 점(占)술과 운타이밍기술이다…….
- 손도사는 지난날에 손재찬이란 본명으로 《運타이밍 재테크》 책과 《이 책을 읽으면 돈벼락이》 책까지 '직접 저술'하여 출간을 했었다.
- 손재찬 박사도사는 풍부한 경제지식과 직접투자를 많이 경험한 노하우와 신통점술로 '가르침'을 베풀고 있다.
- 정말로 부자가 되고 싶은 사람들은 손재찬 지음 《이 책을 읽으면 돈벼락이》

책 또는 《지식의 공유》·《삶의 기술》·《성공 기술》 책을 꼭 추천합니다!!

• 책 이름만 '검색'하면 인터넷서점에서 즉시 책 구입이 가능하다.

• 좋은 책 1권을 읽고 평생 동안 잘 사는 방법과 기술을 꼭 배워두어라~.

• 세상은 아는 만큼 보이고, 인생은 반드시 운(運)을 알아야 한다…….

• 은행 창구직원 및 증권사 또는 부동산시행사 등 그들의 '투자 권유'에는 결코 속지 말아라!! 아무도 책임 안 진다.

• 충고하건데, 자기 자신이 잘 모르는 것에는 참견 및 개입을 하거나 결코 '돈 투자'를 하거나 장사영업 및 사업을 하지 말라~.

• 특히, 자기 자신의 손바닥 가운데에 기다랗게 '가로막은 손금'《손도사 손금 풀이》⑩번 손금이 1~3개가 생겨있는 사람은 100% 확률로 큰 돈 떼임 당함·장사영업실패·사업부도·개인파산까지 '예고 및 경고'를 하니 지금 '확인'을 해보라!

• 또한 검지 둘째손가락 아래 부위에 가느다란 '가로금'《손도사 손금풀이》⑦번 손금이 1~3개가 생겨있는 사람은 승진이 안 되고, 공천 탈락 및 선거 낙선을 당하고, 공사입찰 탈락을 당하고, 성사 직전에 운가로막힘을 계속 당하고 사업계획이 모두 실패하는 등 성공출세의 모든 '상승운이 가로막혀' 100% 절망과 좌절을 당하고 있을 것이니 지금 '확인'을 해보라!

• 또한 손바닥 맨 윗쪽의 굵고 기다란 감정금에서 하향가지선이 1cm 이상 길이로 생겨있으면 100% 확률로 '인간배신'을 당하고 마음고생을 하게 되고, 소지 새끼손가락 아래에 결혼금이 2개가 쌍둥이처럼 나란히 생겨있는 사람은 100% 확률로 '이혼 및 사별과 재혼'을 하게 되고, 수명생명금이 짧게 생겨있는 사람은 98% 확률로 그만큼 수명이 짧게 되고, 기본 3대 손금 중에서 어느 한 개라도 중간이 끊겨 있으면 90% 확률로 죽을 고비를 겪게 되

고, 세로 4대 손금인 수직금 및 상향금들이 짧게 생겨있거나 또는 안 생겨 있으면 평생을 가난하게 살게 되니 지금 '확인'을 해보라!

• 손금에서 기본 3대 손금과 세로 4대 손금은 가장 중요한 '필수손금'들이고, 7개의 필수손금은 일·월·화·수·목·금·토의 기운(氣運)으로 생기며, 7개의 필수손금들이 모두 기다랗게 생겨있어야 운세가 강함을 나타내고, 손바닥에 '가로금'들이 생겨있거나 '하향가지금'이 생겨있으면 운(運)을 가로막고 약하게 하여 그만큼 '운세가 약함'을 나타낸다.

• 사람의 '운명표시손금'은 태어날 때부터 약 7개에서 100개 이상까지 생겨지고, 손금선의 종류는 24가지로 분류하며, 타고난 천성적 기질 및 소질과 재능 및 성격분석을 포함하여 약 1,000가지의 '상세운'으로 분석 및 진단하여 사람 개인의 타고난 '평생운명'을 정확히 감정을 하고, 앞날운을 정확히 예측할 수 있다.

• 개인들의 상세한 운명자가진단은 《손도사 손금풀이》 책을 꼭 한 번 봐라~.

• 또는 백문이불여일견이라고 점(占)술의 세계 1등 손도사에게 '종합운명진단과 상담'을 꼭 한 번 받으라~.

• 자기 자신의 타고난 '운명'을 정확히 알고, 그리고 세상의 운(運)을 알라!

• 사람 개인들이 우주하늘자연의 섭리로 생겨진 '사주와 손금'은 100%까지 정확하고, 섭리와 법칙으로 작용하는 천기학 대주역의 이론은 100%까지 정확하다.

• 이 세상 모두 것은 섭리작용으로 운(運) 변화의 '순환법칙'이 계속된다.

• 천기학 대주역에는 약 100년주기법칙과 약 10년주기법칙이 있고, ① 한국의 외환위기 ② 세계의 금융위기 ③ 코로나19 대공포 및 세계경제위기와 개인의 9수나이 및 삼재수나이 등은 약 '10년주기운(運)법칙' 때문이고, 다

음의 큰 위기와 큰 변동은 2029년과 2039년쯤이 될 것이다……

- 주기운(運)법칙은 국가와 기업 등의 '미래계획'에 활용을 꼭 잘하라~.
- 모든 경제시장은 거품의 대호황 직후에는 반드시 '불황'이 따른다.
- 경제적 거품이 꺼질 경우에는 과도하게 평가된 자산들부터 우선적으로 붕괴와 폭락이 진행되고 다시 불황으로 바뀌게 된다.
- 호황기로 물건의 값이 최고점일 때는 미련없이 주식과 부동산 등을 모두 팔아서 '현금'으로 바꾸어 놓아라.
- 모든 투자는 물건들이 가장 비쌀 때는 팔아버리고, 반드시 기다렸다가 값이 가장 쌀 때 헐값으로 다시 사는 것이다.
- 모든 투자는 ① 값이 폭락할 때 ② 최악의 불경기일 때 ③ 최저가로 값이 떨어졌을 때 ④ 모두가 망했다고 할 때 등이다.
- 준비와 다음 기회를 기다리는 '시간투자'는 고도의 투자기술이다.
- 오랜 세월 자금과 자산을 늘리려면 세상을 '더 넓고 더 길게' 바라보라!
- 어떤 상황이 오더라도 자금과 자산은 '직접 관리'를 잘 해 나아가라.
- 사업의 경영자들은 중요한 자산과 자금은 '직접 관리'를 하라.
- 경제활동을 하는 가장 남성들은 경제를 잘 모르는 아내에게 자산과 돈관리를 맡기지 말라.
- 부부 사이의 자산과 돈관리는 경제를 더 많이 아는 쪽이 맡아야 '가정경제'가 잘 운영이 된다.
- 세상 사람들은 모두가 이 책을 '필독서'로 꼭 삼으라!!
- 이 책은 10가지 분야를 잘 가르쳐 주는 실용보물책이다……
- 젊은이여! 취직과 취업보다는 도전과 모험으로 '창업'을 시도하라.
- 젊은이여! 직장보다는 평생 할 수 있는 '직업'을 더 중요시하라.

- 직업을 선택했으면 10년 이상 인내하면서 '본업'에 꼭 충실을 하라.
- 시장경제 자본주의사회에서 부자가 되려면 '목표와 계획'을 꼭 세우라.
- 지금부터 1단계로 자기 앞가림의 민생고 해결과 종잣돈 마련을 위해 1억 원을 모으고, 2단계로 10억 원을 모으고, 3단계로 평생 동안 100억 원쯤 개인재산을 소유하는 부자 '자산가'를 꼭 목표로 하라.
- 개인재산 100억 이상을 더 벌려고 재물집착은 결코 하지 말라!
- 지나친 과욕의 재물집착은 물고기의 낚시바늘처럼 '구속'을 당해간다.
- '집착 않는 소유'가 지혜로운 방법이고, 진정한 자유와 행복을 누린다.
- 삶의 꿈과 계획 및 목표가 있는 사람은 분명히 '성공'을 한다…….
- 세상과 인생은 아는 만큼 보이고, 많이 알아야 '권리'를 찾는다.
- 모든 사람은 조직 및 단체와 회사·기업의 '운영과 경영'을 잘 배워두어라.
- 모든 조직·단체·회사·기업 등은 임원회의와 정기총회를 한다.
- 모든 조직·단체와 회사·기업의 임원과 회원 및 주주는 기본 재무와 회계 등 '재무상태표'를 꼭 볼 줄 알아야 한다.
- 회원 및 주주와 임원들은 재무상태표(대차대조표)에서 ① 현금흐름표 ② 손익계산서 ③ 재무비율 등을 알아야 하고 또한 경영을 알아야 한다.
- 모든 회사 및 기업이 사업을 잘 하려면 항상 '재무상태'가 좋아야 한다.
- 회사의 재무상태를 알려면 먼저 '현금흐름표'를 상세히 보라.
- 현금흐름표는 월간 또는 연간의 '성과'를 추적하는 데 유용하다.
- 현금흐름표는 특정기간 동안의 '은행계좌'를 잘 확인하라.
- 은행계좌에 현금을 예치하는 것과 현금을 인출하는 것이다.
- 현금흐름표는 현금흐름발생의 '출처'를 구분해서 '추적'을 잘 하라.
- 현금은 은행계좌에 있든지 또는 금고에 있든지 둘 중 하나이다.

- 현금의 유입은 ① 영업활동 ② 투자 ③ 자금조달 등이다.
- 현금흐름은 인출보다 예치가 많아야 하고 0이 되면 안 된다.
- 모든 기업들은 '자유현금흐름'이 필수적이고, 기업의 경영 및 운영을 유지하기 위한 자유현금흐름은 클수록 더욱 좋다.
- 기업과 사업을 할 때 현금은 중요하지만 '이윤'은 더욱 중요하다.
- 기업과 사업은 장기간의 이윤이 없으면 반드시 망하게 된다.
- 판매와 수익을 판단하기 위해서는 '비용'을 연결해서 추적을 하라.
- 기업회계는 '발생주의'로 수익과 비용을 대응시키는 '대응원칙'을 기본원리로 하고 있다.
- 기업의 손익계산은 매출 − 상품원가 − 비용 − 세금 = 순이익이다.
- 특히 회계의 대응원칙에서 전문가들은 '잠재적 편향'을 잘 써서 공식 또는 가정 등을 변경해 이윤선을 '조정'할 수도 있다.
- 기업들은 특정기간에 기업의 순가치를 '대차대조표'로 작성을 한다.
- 기업들은 지난 1~2년간의 회계를 회계년도 마지막 날을 기준으로 계산한 '대차대조표'를 작성·보고·고시를 해야 한다.
- 기업들은 많은 자산과 부채 그리고 자본으로 구성되어 있다.
- 자산이란 시설과 설비·제품·재고·외상매출계정·현금 등이다.
- 부채는 대출금·조달자금·외상매입계정·채무 등이다.
- 자본은 소유주지분의 자본 및 투자자자본과 유보이익금 등이다.
- 기업의 대차대조표는 양쪽의 합산수치가 '균형'을 이뤄야 한다.
- 대차대조표(재무상태표)는 해당 기업의 재무적 건전성과 지불능력여부 등 '기업가치'를 판단하는 귀중한 자료이다.
- 특히 대차대조표는 수치의 편향을 줄 수 있는 가정 또는 추정이 있으니 대

차대조표를 볼 때는 '주석'을 꼭 함께 잘 살펴라.

- 기업과 사업을 할 때는 항상 '재무비율'을 꼭 알아야 한다.
- 재무비율을 보면 특정부분의 비즈니스를 잘 판가름할 수 있다.
- 재무비율을 산업평균과 비교해 보면서 해당기업의 '성과'를 알라.
- 수익성비율은 이윤을 창출하는 그 기업의 능력을 표시한다.
- 자산수익률은 그 사업에 투자된 자산 대비 이윤을 나타낸다.
- 타인자본비율은 그 기업이 빚을 얼마나 쓰고 있는지를 나타낸다.
- 유동성 비율은 청구서에 지급할 수 있는 그 기업의 능력을 나타낸다.
- 효율성 비율은 그 기업이 얼마나 효과적으로 자산과 부채 등을 잘 관리하고 있는가를 나타낸다.
- 이자보상배율은 영업이익으로 은행이자 등을 감당할 수 있는 정도를 나타내고, 영업이익으로 은행이자도 못 갚을 경우는 그 사업을 과감히 접어야 한다.
- 투자수익률은 시간 · 노동 · 자본 등의 투자에서 생기는 가치이다.
- 매몰비용은 일단 투자가 된 후에 회복될 수 없는 시간 · 노동 · 에너지 · 자본 등의 총체를 말한다.
- 모든 사업과 기업은 '매몰비용'이 발생되어서는 절대로 안 된다.
- 재무제표를 검토할 때 투자수익률 · 총자산수익률 · 재고회전률 · 매출채권 회수율 · 재무비율 등은 '사업건전성'확인에 아주 중요하다.
- 모든 사업은 비용과 편익분석으로 '비용 대비 편익'도 잘 검토를 하라.
- 경영은 누구나 할 수 있지만, 아무나 잘 할 수는 없다.
- 단체 및 조직과 기업 등의 운영과 경영은 반드시 '방향성'을 잘 잡아라.
- 모든 기업과 조직단체는 기본적으로 '사람과 시스템'으로 움직인다.

- 기업과 조직단체는 기획전략이 필요하고, 경영자는 인재와 시스템을 잘 관리하여 모든 구성원을 반드시 '공동목표'로 잘 이끌어야 한다.
- 기업과 조직단체가 공동목표를 향해 나아가면 반드시 '성공'을 이룬다.
- 특히 공동주택아파트와 집합건물 등 모든 조직 및 단체와 회사 및 기업 등의 감사는 '운영감사와 회계감사'를 잘 하라.
- 정기회계감사를 할 때는 특히 ① 합계잔액시산표, ② 금전출납장과 전표철, ③ 재무상태표상예금과 실제통장의 대조 및 은행발행의 잔액증명서 첨부, ④ 장기수선충당금 통장은 2인 이상 인감사용 등을 꼭 '확인'을 잘 하라.
- 회계를 잘 모르는 사람은 '감사직'을 맡거나 또는 맡기지 말라~.
- 경영을 잘 모르는 사람에게 입주자대표 또는 관리인·대표이사·기관장·단체장 그리고 회장직을 맡기지 말라~.
- 모든 전문적인 일은 반드시 그 분야의 '전문가'에게 꼭 맡겨라.
- 모든 업무와 일은 실력과 능력이 있는 '적임자'에게 꼭 맡겨라.
- 어떤 경우에도 실력과 능력이 없는 사람에게는 일을 맡기지 말라~.
- 어떤 경우에도 적임자가 아니면 '선출과 인사발령'을 하지 말라~.
- 비전문가에게 일을 맡기는 것은 모두가 함께 망하는 지름길이다.
- 자기 자신이 잘 모르는 분야에는 절대로 관여나 손을 대지 말라.
- 잘 모르거나 운(運)까지 안 따르면 반드시 손해와 실패가 따른다.
- 인생살이에서 큰 잘못을 초래하면 '죽음'까지도 당할 수 있다…….
- 모든 나라의 국민들은 국가 경영에 필요한 조세부담 의무가 있다.
- 대한민국의 조세체계는 ① 국세 ② 지방세 ③ 관세가 있고, 나라의 국세는 다른 공과금 및 기타 채권에 우선하여 징수를 한다.
- 부동산을 취득할 때는 취득세와 등록세를 신고·납부해야 한다.

- 부동산을 매도 · 교환을 할 때는 양도소득세를 신고 · 납부해야 한다.

- 소득이 있을 경우에 개인은 ① 소득세, 법인은 ② 법인세를 내야 한다.

- 소득세는 개인의 모든 소득에 합산과세이고 누진세율을 적용한다.

- 법인세는 각 사업연도 종료일로부터 3개월 이내에 ① 대차대조표 ② 손익계산서 ③ 이익잉여금처분(결손금처리)계산서 ④ 현금흐름표 ⑤ 세무조정계산서 등을 '함께제출'과 관할세무서에 신고 · 납부를 해야 한다.

- 세무조정에서는 익금 및 손금의 산입 및 불산입을 잘하라.

- 모든 사업자는 '각 사업장마다' 관할관청에 신고 · 등록을 해야 하고, 소득세 또는 법인세와 부가가치세 등을 신고 · 납부해야 한다.

- 사업자는 ① 일반과세 ② 간이과세 ③ 면세 등으로 구분하고, 일반과세자는 개인이든 법인이든 '부가가치세'를 내야 한다.

- 부가가치세는 매년 1월과 7월달에, 소득세는 매년 5월달에, 법인세는 통상 매년 3월달에 신고 · 납부를 해야 한다.

- 재산세는 매년 과세기준일(6월 1일자) 현재 부동산 소유자에게 건축물은 7월달에, 토지는 9월달에, 주택은 7월과 9월에 반반씩, 선박 및 항공기는 7월달에, 과세표준으로 신고 · 납부를 해야 한다.

- 대한민국에는 현재 약 30가지의 각종 세금이 부과되고 있다.

- 대한민국에서 현재 사업을 하는 사람들은 실력 및 능력과 운(運)이 좋은 '대단한 사람들'이고, 세금을 많이 내는 사람은 정말로 애국자들이다.

- 관료들과 정치인 및 정치꾼들까지도 사업 및 기업인들을 존경하라.

- 모든 노동자들은 마음속으로 모든 사용자들을 진심으로 존경하라.

- 가난한 사람들은 세금을 많이 내 주는 부자들을 진심으로 존경하라.

- 세금을 많이 내거나 기부금을 잘 내는 사람에게는 진심으로 존경심을 표하

고 또한 진심으로 '감사'를 해야 한다…….

• 모든 사람은 태어나면 죽을 때까지 계속 '경쟁' 속에서 살아간다.

• 모든 생명체는 생존을 위해서 죽을 때까지 '경쟁'을 해야 한다.

• 싸우지 않고 이기는 방법이 최선의 방법이고 기술이다.

• 싸우지 않고 이기는 방법과 기술이 '권모와 술수'이다.

• 권모와 술수는 자연계에서 식충세계와 동물세계의 먹이 경쟁을 할 때 항상 일어나는 자연계의 생존방법이고 성공기술이다.

• 약자가 강자를 이기려면 반드시 '권모술수 전략'을 잘 사용하라.

• 약자가 강자를 이기려면 '담대한 전략'을 철저하게 잘 세우라.

• 꼭 이기기 위해서는 모든 것을 반드시 '최적화'를 잘 시켜라~.

• 독수리가 높은 곳에서 땅을 내려다 보듯, 호랑이가 은밀하게 먹잇감에 접근을 하듯, 사자가 용맹스럽게 먹잇감을 넘어뜨리듯 행하라.

• 선전포고와 정면승부 싸움은 손실이 크니 절대로 잘 피하라.

• 상황에 따라 행동을 잘 하고 돌발 상황의 '대비책'도 세워두어라.

• 자기편의 강점·장점·이점을 최대한 내세우고 활용을 잘 하라.

• 자기편의 권위와 인맥 등 유리한 것을 최대한 활용을 잘 하라.

• 상대편의 약점·단점·허점을 계속해서 집요하게 공격을 하라.

• 상대편이 무방비일 때 기습과 역습으로 '급소'를 공격하라.

• 싸움을 하려면 공격목표 내부에 정보원과 간첩을 심어두어라.

• 상대편 적들끼리 싸우게 하는 어부지리술책을 사용하라.

• 상대편에게 책임과 허물을 씌우는 모함술책을 사용하라.

• 상대편에게 음해와 죄를 날조하는 조작술책을 사용하라.

• 상대편에게 사람과 자금돈줄을 막는 고립술책을 사용하라.

- TV · 신문 · 인터넷 등 언론매체로 여론몰이술책을 사용하라.

- 비밀로 철저하게 중상 · 모략 · 음해로 상대를 곤경에 빠뜨려라(위의 나쁜 술책들은 꼭 필요할 때만 사용해야 합니다).

- 싸움이나 경쟁을 할 때는 고도의 '심리전술'을 잘 사용하라.

- 빈틈을 주지 말고 연쇄적으로 파도처럼 '파상공격'을 계속하라.

- 알고 있어도 모르는 척하고 함부로 속마음을 드러내지 말라.

- 싸움이나 모든 문제들은 '사전예방'이 가장 중요하다.

- 피할 수 없는 한판 대결의 싸움이라면 '선제타격'을 감행하라~.

- 선제타격과 예방타격은 최소피해의 '선제방어'이다.

- 싸움이나 경쟁을 할 때는 '정보와 보안'에 신경을 많이 쓰라.

- 정치인 및 기업인과 특수 중요한 일을 하는 사람들은 항상 CCTV와 언론 기자 등을 조심하고, 대화와 통신의 '감청과 도청'을 조심하라(현대사회는 비밀녹음과 촬영 그리고 감청과 도청기술이 놀라울 정도이고, 모든 국가와 기업체 등의 경쟁자끼리는 언제나 감청과 도청이 빈발하고 특히 미국은 100개 이상의 위성으로 전 세계의 모든 통신과 대화 등을 24시간 감시를 하고 있다).

- 첩보 및 정보의 수집과 보완유지는 곧 경쟁력이고 힘이다.

- 모든 정보들은 시간별 · 지역별 · 분야별 등으로 '분류'를 잘 하라.

- 신문구독은 중립성 및 공정성 뉴스 제공과 발행부수가 많은 '종이 일간신문'을 반드시 선택하라.

- 출세야망이 있는 사람들은 반드시 정당가입과 정치에 뜻을 세우리.

- 정치적으로 출세야망이 있는 사람들은 우선적으로 군의원 · 구의원 · 시의원 · 도의원 · 국회의원 등을 '순차적'으로 출마도전을 하고, 지방자치단체

장 및 공공기관장 또는 국무위원 등으로 '성공과 출세'를 향해 진행시켜 나아가라~.

• 선출직과 임명직으로 성공과 출세를 하려면, 반드시 '출마당선운'과 '낙하산발령운' 및 '내정임명운' 등에 대해 사전에 꼭 점(占)을 봐 두어라~.

• 야망이 큰 사람들은 자기 자신의 '성공출세운'을 꼭 점(占) 봐 두어라~.

• 개인들의 사주와 손금에는 '출세권력성공운'이 정확하게 나타나 있다.

• 손도사 손금풀이 제①번 손금이 선명하고 1cm 이상 기다랗게 생겨있는 사람은 천성적 상향 기질과 출세 권력의 성취욕구 및 적극 노력이 '아주 강함'을 나타내고 있고 또한 예고를 하니 꼭 확인을 바란다.

• 정치와 정당의 당원들은 정당의 이념과 노선 그리고 정강과 정책을 알아야하고, 정당의 지도자가 되려면 당헌과 당규를 꼭 알아두라.

• 특히 정당은 국가발전과 사회개혁에 대한 강력한 의지와 그 의지를 반영한 분명한 '노선과 색깔'을 가져야 한다.

• 특히 정치인은 정치철학과 국정철학을 가져야 하고, 정부 및 지방의 단체장들은 행정철학을 가져야 한다.

• 특히 정치인들은 은퇴를 할 때까지 계속 선거를 치르고 계속 싸워야 한다.

• 정치인과 민선 단체장들은 시대정신과 '세력조직'을 꼭 갖추어라~.

• 민선 단체장에 도전하려면 국가관과 '비전제시'를 크게 잘 하라.

• 모든 선출직에 도전하려면 치밀한 전략과 다수의 지지를 얻어내라.

• 모든 선출직에 도전하려면 가장 먼저 '당선운(運)'부터 알아두어라~.

• 모든 선거를 치를 때는 사전에 반드시 '선거전략'을 잘 세우라.

• 선거운동에서 효과가 가장 큰 것은 선거관리위원회 등에서 개인과 집집마다 보내주는 '선거홍보자료'이니 반드시 홍보물을 잘 만들어라.

- 선거전략에서는 정책과 공약 등의 강력한 '의지'를 분명히 밝혀라.
- 모든 선거를 치를 때는 전략의 '책사'와 전투의 '투사'를 잘 두어라.
- 모든 선거를 치를 때는 검쟁이 지식인과 대학교수들을 배제시켜라.
- 또한 대학교수들은 결코 '폴리페서(polifessor)'가 되지 말라~.
- 본업에 충직하지 않은 '철새' 같은 사람은 결코 신뢰를 하지 말라.
- 대학교수들은 오직 연구와 학생들 '가르침'에만 평생 동안을 하라.
- 모든 선거는 지혜와 행동을 수반한 진두지휘 '야전사령관'을 잘 두어라.
- 모든 선거를 치를 때는 ① 전략기획팀 ② 이미지개발홍보팀 ③ 조직운영팀 ④ 자금조달재정팀 등 선거에 따른 '팀구성'을 잘 하라.
- 모든 선거출마의 후보자는 조직관리와 정책개발 및 비전제시를 잘 하라~.
- 모든 선거와 정치선거는 '여론'을 잘 살피고 '바람몰이'를 잘 하라.
- 선거를 꼭 성공하려면 단합과 연대·연합·합당 등을 잘 하라.
- 정당대표와 원내대표는 기운(氣運)이 강한 사람을 꼭 선출하라~.
- 정당대표와 원내대표는 잘 생긴 '외모가 대표적'인 사람을 꼭 선출시켜라~.
- 정당대표와 원내대표는 '장애인 및 어린 사람'은 반드시 배제를 시켜라~.
- 젊은 패기과 두뇌가 우수하여도 '인생경험' 만큼은 못 이긴다.
- 정치정당의 당대표와 원내대표는 당의 이미지와 운(運)을 대표한다!
- 선거와 정당공천은 반드시 '이길 수 있는 후보자'를 잘 선택하라.
- 선거를 앞두고 있는 정당과 대표들은 먼저 '점(占)'을 꼭 봐두어라~.
- 특히 총선과 대선은 선거가 있는 해의 사회 여론과 경제상황이 중요하고, 정치 정당의 운(運)과 후보자의 '개인 운(運)'은 정말로 더욱 중요하다.
- 지방의원과 단체장 선출을 할 때도 후보자 개인의 '공천운 및 당선운과 출세운'을 사전에 반드시 점(占) 봐두어라~.

- 필자 손도사는 국회의원 선출과 지방의원 선출 및 단체장 선출 등 선거를 할 때마다 수많은 후보자들의 '선거당락'을 점(占)쳐 주었고, 한국 정치 1번지 서울 종로 국일관의 대주주 겸 터줏대감으로서 큰 선거를 할 때마다 '은둔 막후역할'을 하면서 대한민국의 국가와 민족을 위한 '위대한 대통령' 선출을 진심으로 소망하고 기도하고 있다.
- 필자 손도사는 2020년 8월 1일자 출간한 《정권은 바뀐다》 책의 앞표지에 "다음 대통령은 이 책 속에 있습니다."라고 충격적인 예언을 해 놓았다.
- 그리고, 2년 후 2022년 3월 9일 한국 대통령선거는 손도사의 2년 전 팩트 예언대로 집권 여당이 패배를 당하고, 5년 만에 '정권교체'가 되었다.
- 집단지성적 국민의 여론과 심판은 객관성을 띄고 있다.
- 집단지성과 국회의원 중 정치꾼들의 의견은 다를 수 있다.
- 정치꾼들의 무책임한 선동과 국가 내부총질은 가장 나쁜 짓이다.
- 국가위기상황 속에서 협조 및 대안 제시는 않고 '상대 비난'만 하는 정당의 잘못된 당론과 정치꾼들의 선동질 및 국가 내부총질은 반드시 제거되어야 한다!!
- 국가위기상황에서는 최우선으로 국가를 위한 '영웅'이 필요하다.
- 잠깐 동안의 권력인 국회의원 및 대통령보다 더 위대한 사람은 '시대의 영웅'일 것이다……
- 모든 선출직과 인사발령의 대상자들은 '운 8 · 노력 2 법칙'이니, 가장 먼저 자기 자신의 '출세운'을 사전에 꼭 점(占) 봐두어라~. 점(占)은 통찰이다.
- 점(占)술가도 1류급 · 2류급 · 3류급이 있으니 1류급을 꼭 찾아가라~.
- 나를 알고, 적을 알고, 세상의 이치를 알고 그리고 '운(運)'을 알라~.
- 내 인생의 진정한 적은 바로 '자기 자신'임을 알아야 한다.

- 남을 이기는 것보다 자기 자신을 이기는 사람은 정말로 강한 사람이다.
- 사람에게는 평생 동안 자기 자신의 '그림자'가 따라다닌다.
- 그림자가 항상 따라다니기 때문에 말과 행동을 항상 '조심'하라.
- 자기 자신의 과거 그림자에 떳떳하지 않거든 결코 '공직'에 나서지 말라!
- 국정조사 및 청문회 등은 사전조사와 준비 그리고 계획 및 의도적으로 물어 보니 답변자는 철저하게 '준비와 대응'을 잘 하고, 반드시 운(運)을 알라!
- 정권이 바뀌면 앞 정권 때 '특혜'를 받은 기업인들은 조심을 하라.
- 정권이 바뀌면 정치꾼들은 '기업길들이기'가 따르고, 세무조사와 적폐청 산·부정비리 청산 등 정치적 온갖 조사 및 수사 등이 꼭 뒤따른다.
- 정치꾼과 정치인은 생각과 언·행이 너무나 많이 다르다.
- 국가와 국민을 위한 '진정한 정치인'을 많이 만나보고 싶다…….
- 모든 싸움은 준비·대비·대응을 잘 하는 쪽이 항상 유리하다.
- 명분이 있으면 약자가 강자를 이길 수 있고 싸움을 이길 수 있다.
- 명분 쌓기를 계속 하면서 '대의명분'으로 기회와 대세를 잘 잡아라.
- 모든 일은 절차를 따르고 '명분 쌓기와 실적 쌓기'를 잘 해나가라.
- 모든 것은 상황에 따른 시기적절의 운때 '타이밍'을 잘 맞추어라~.
- 모든 것은 타이밍을 잘못 맞추면 결국 실패로 끝나 버린다.
- 타이밍을 맞추기 위해 '운때'를 기다리는 것은 최적의 전략이다.
- 아랫사람을 쓸 때는 오직 '충성심'과 '직무능력'을 함께 잘 살펴라.
- 우두머리는 아랫사람들의 능력을 꿰뚫어 보는 '안목'을 꼭 키우라.
- 무척해야 무탈하고 잘 살게 되니 인생과정에 적을 만들지 말라.
- 입살도 살(殺)이 되니 사람들이 저주와 악담을 하게 하지 말라.
- 사람들이 원망과 저주와 악담을 많이 하면 결국에는 망하게 된다.

- 비방과 악플 그리고 욕을 많이 먹으면 결국에는 망하게 된다.
- 성공과 출세를 하려면 소통과 설득 및 협상을 잘 해 나아가라~.
- 소통 및 설득 그리고 협상 및 회의 등을 잘 하려면 '동의'를 받아낼 수 있도록 사전에 준비와 계획 등 '전략'을 잘 세우라.
- 설득을 잘 하려면 예스를 할 수 있도록 '분위기'를 잘 조성시켜라.
- 설득을 잘 하려면 객관적인 근거와 데이터를 잘 제시하라.
- 협상을 할 때는 자신에게 유리한 조건을 먼저 '선점'해 두어라.
- 협상을 할 때는 양쪽이 만족할만한 '합의점'을 잘 생각해 두어라.
- 협상을 할 때는 상대방이 거절할 경우를 '대비'까지 해 두어라.
- 설득과 협상을 잘 하려면 먼저 가장 적절한 '타이밍'을 잘 잡아라.
- 설득과 협상을 할 때는 최선책이 안 되면 차선책이라도 꼭 받아내라.
- 세상은 아는 만큼 보이니, 공부하고 경험을 쌓고 '안목'을 키워나아가라.
- 꿈과 야망은 성공을 낳고, 성공은 더 큰 야망을 낳는다.
- 성공을 하려면 자신의 강점 · 약점 · 장점 · 단점 등을 정확히 '인식'하라.
- 성공을 하려면 진정한 지식과 실력 및 능력을 갖춘 '인재'가 되어라.
- 성공을 하려면 나쁜 성격 · 나쁜 말투 · 나쁜 행동 등은 꼭 '개선'을 하라.
- 성공을 하려면 규칙적인 운동으로 '몸관리'부터 잘 해 나아가라.
- 성공을 하려면 꼭 필요한 사람들과 '인맥형성'을 잘 해 나아가라.
- 성공을 하려면 자신에게 유리한 '상황조성'을 계속 만들어 나아가라.
- 성공을 하려면 항상 주류 편에 함께하고 '주도권'을 꽉 잡아라.
- 현재를 주도하는 사람들이 항상 그 시대와 그 사회를 지배한다.
- 역사 이래 가장 큰 세계의 주도권은 15~16세기는 스페인이 그리고 17~19세기는 영국이 그리고 20~21세기는 미국이다.

- 미국은 경제 · 군사 · 정치 등에서 세계의 '큰형님' 역할을 하고 있다.
- 세계 글로벌 경제는 미국의 경제정책과 미국 달러의 운용구조이다.
- 글로벌 경제는 미국 달러 운용에 따라 희비가 엇갈리는 시스템이다.
- 모든 기업과 국가는 미국의 경제정책과 달러운용을 꼭 알아야 한다.
- 모든 국가의 정치는 여당이 주도권을 잡고, 정치 이념적 우파와 좌파는 시대정신에 따라서 주도권이 번갈아 '반복'이 된다.
- 오늘에 최선을 다하라. 한 번 지나간 시간은 결코 되돌아오지 않는다……
- 성공출세와 부자가 되고 100세까지 무병장수를 하려면 평생 동안 항상 '시간관리'를 잘 하고, 반드시 '새벽형 및 아침형' 인간이 되어라~.
- 똑같이 주어진 하루 24시간을 어떻게 쓰느냐가 성공을 좌우한다.
- 남보다 1시간 일찍 일어난 사람은 10년을 앞당겨 성공을 이룬다.
- 새벽에 일어나는 시간은 항상 '새벽 동틀 무렵'으로 모닝콜 자명종을 맞추어 놓고 '습관 길들이기'를 꼭 실천하라.
- 새벽 동이 트는 시간은 기압과 습도 및 기온과 바람 등이 바뀐다.
- 사람의 일상 생활을 자연변화 흐름과 생체리듬에 잘 맞추어라.
- 태양이 찬란하게 솟아오르는 '아침 시간 때'는 누구나 아침 운동 및 걷기 명상을 하면서 우주하늘자연의 생명에너지를 온 몸으로 받아들여라.
- 새벽 일찍 일어남과 아침 운동 및 걷기 명상은 '일거삼득'의 좋은 습관이다.
- 일을 꼭 성공시키려면 차근차근 '절차'에 따라 준비를 잘 하라~.
- 일은 계획과 준비를 잘 해두면 스스로 용기와 자신감이 생겨진다.
- 성공한 사람은 남다르니, 그것을 한 수 배우고 '벤치마킹'을 잘하라.
- 실패한 사람들은 잘못들이 있으니, 실패 원인을 꼭 분석해 봐야 한다.
- 큰 실수와 큰 실패를 당했거든 그것을 '평생 교훈'으로 꼭 삼으라~.

- 실수와 실패로부터 배우는 사람은 훗날에 더 크게 성공을 해 낼 수 있다.
- 위기와 위험 및 역경에 처할 때가 '전화위복'의 진정한 기회이다.
- 기회는 기다리기도 하지만, 적극적으로 기회를 만들어가라.
- 물고기는 그물과 낚싯바늘로 잡고, 사람은 '돈과 신뢰'로 잡는다!
- 사람의 신뢰와 신용은 정말로 중요하니 평생 동안을 잘 '관리'해 나아가라.
- 신용불량을 경험한 부모는 자기의 자녀들에게 평생 동안의 '신용관리교육'을 잘 시켜 부모의 전철을 밟지 않게 하라.
- 무슨 일이든 큰 실패를 경험한 부모는 자기의 자녀들에게 실패의 경험담을 들려주어 부모의 전철을 밟지 않게 하라.
- 큰 질병으로 고생한 부모는 자기의 자녀들에게 질병의 원인과 고통의 경험담을 들려주어 부모의 전철을 밟지 않게 하라.
- 가난한 부모는 자기의 자녀들에게 타고난 천성적인 기질·소질·재능·성격을 일찍 발견 및 집중계발과 개선을 잘 시켜주고, 나쁜 운(運)을 좋게 '개운'을 해주어 가난대물림이 되지 않게 하라.
- 세상과 인생살이는 직접 경험해 본 것이 가장 '진실'한 지식이다.
- 세상과 인생은 운(運)이 중요하니 반드시 '운을 좋게' 만들어 가라~.
- 몸이 아프면 약국과 병원을 찾아가듯, 운(運)이 안 풀리거나 또는 나쁘다고 생각이 들면 반드시 사주와 손금으로 꼭 한 번 '운명진단'을 받으라~.
- 정확한 사주풀이와 손금풀이는 100%까지 '개인운명'을 맞출 수 있다.
- 그러나 병원에서 수술로 태어난 사주는 섭리를 거스른 '가짜 사주'이다.
- 병원에서 수술로 태어나거나 태어난 시간을 모르면 반드시 '손금'을 봐라.
- 특히 세계 1등 손도사 손금풀이는 100%까지 '개인운명'을 맞출 수 있다.
- 세상은 아는 만큼 보이고, 인생살이는 '운과 복'으로 살아간다…….

- 세상 이치를 잘 모르는 사람은 '좋은 책'을 읽고 방법을 꼭 배워나가라~.
- 배우고 실천하고 또 배우면 인생살이가 반드시 더 나아진다.
- 거대한 느티나무도 작은 씨앗으로부터 자라난 것이다.
- 천리길도 한 걸음부터이고, 높은 산을 오를 때도 한 계단부터이다.
- 자수성가한 사람들은 환경을 탓하지 않고, 오히려 환경을 역이용한다.
- 뛰어난 기술자는 연장을 탓하지 않고, 명필은 붓을 탓하지 않는다.
- 거울을 보고 내 모양새를 바로 잡듯, 좋은 책을 읽고 삶을 바로 잡아라~.
- 책 한 권에서 '좋은 글귀' 한 개만 얻어도 책값은 충분하다!
- 책을 읽지 않는 사람은 결코 성공 · 출세 · 부자가 될 수 없다.
- TV를 시청할 때 3류 드라마나 개그프로 등을 즐겨보는 사람은 결코 성공 · 출세 · 부자가 될 수 없으니, 뉴스와 경제채널도 함께 꼭 봐라.
- 인터넷으로 게임 · 오락만을 즐겨 하는 사람은 결코 부자가 될 수 없다.
- 스마트폰중독 · 게임중독 · 도박중독 · 마약중독 · 알코올중독 · 니코틴중독 · 종교중독 · 권력중독 등 '중독자'들은 반드시 인생을 망치게 된다.
- 망하고 후회하지 않으려면 어금니를 악물고 스스로 '절제'를 꼭 하여라.
- 너무나도 귀중한 자기 인생을 '중독성' 때문에 망치지 말라~.
- 사주운명에 따른 각종 중독성은 스스로 자가치료가 정말로 어렵다!!
- 향정신성의 모든 중독자들은 스스로 자기 절제가 결코 되지 않는다!!
- 나쁜 중독자들은 타고난 사주에 따라 과거 및 전생과 조상핏줄의 업(業)내림 때문이니, 반드시 업살풀이로 '운치료'를 꼭 한 번 받아야 한다.
- 사주운명에 따른 각종 정신질환과 빙의는 스스로 자가치료를 할 수 없다!!
- 암치료를 의사가 해주는 것처럼 운명치료는 '도사'가 해준다…….
- 잘못되었다고 생각이 들 때는 온갖 방법으로 반드시 '개선'을 하라~.

- 위기와 절망이라고 생각들 때가 정말로 과감히 '행동'을 할 때이다.
- 큰 성공을 하려면 계속된 학습 · 연습과 끈기로 '한 우물'을 파 나아가라.
- 오직 한 분야에서 최고전문가 소리를 들어야 '큰 성공'을 이룬다.
- 큰 성공을 이룬 뒤에는 오히려 겸손하고 더욱 검소하여라~.
- 부자에 대한 부러움과 배타적 질투와 미움은 '서민들의 본성'이다.
- 가난뱅이와 약자는 부자 및 강자를 선망하면서도 증오를 한다.
- 높이 오를수록 시야는 넓어지나 시기질투의 바람은 더욱 거세진다.
- 유명세를 타고 얼굴과 이름이 알려지면 사생활이 없어진다.
- 큰 성공을 하고 유명세를 타면 필연적으로 '감시'가 따른다.
- 유명세를 타면 절제와 겸손으로 항상 비판에 '대비'를 잘 해 나아가라.
- 잘난 체하면 적을 만들고, 못난 체 겸손하면 친구를 만든다.
- 진정으로 승리와 자유를 바라거든 때로는 바보처럼 행동을 하라.
- 진짜 바보는 어리석은 바보이고, 가짜 바보는 영리한 바보이다.
- 성낼 줄 모른 사람은 바보이고, 성내지 않으면 영리한 사람이다.
- 아는 체하는 사람은 바보이고, 물어 볼 줄 알면 영리한 사람이다.
- 대립하는 사람은 바보이고, 상생할 줄 알면 영리한 사람이다.
- 적을 만드는 사람은 바보이고, 친구를 만들면 영리한 사람이다.
- 그 사람의 어릴 적 성장과정을 모르면 사람판단에 오해가 따를 수 있다.
- 그 사람의 현재상황 및 속마음을 모르면 계속 오해가 따를 수 있다.
- 그 사람의 인생 가치관 및 목표를 모르면 계속 오해가 따를 수 있다.
- 세상과 인생은 이해를 하기 전까지는 대부분 잘못 오해들을 한다.
- 무슨 문제가 있거든 문제의 '본질'을 파악해서 이해를 잘하라~.
- 무슨 문제가 있거든 원인과 결과의 '관련성'을 잘 파악해 보라.

- 무슨 문제가 있거든 '이해득실'의 관점에서 분석을 잘 해 보라.
- 대다수 사람들의 인간본성은 대체로 '자기중심적'이다.
- 세상만사는 모두 '자기 입장'에서 유리한 쪽으로 생각과 행동들을 한다.
- 자기 자신에게 이득 및 중요하지 않은 것은 대부분 무시를 해 버린다.
- 관심이 없는 주제에 대해서는 아예 관심을 꺼버리기도 한다.
- 사람들은 자기 자신과의 이해득실로 모든 '의사결정'들을 행사한다.
- 특히 동질성을 가진 사람들의 일방적 의사결정은 크게 '잘못'될 수도 있다.
- 자신과의 이해득실에 따른 다수결제도는 '큰 위험?'일 수도 있다.
- 특히 민주주의 다수결제도는 절차와 목적이 '최선쪽'이어야 한다……
- 성공출세와 부자가 되려면 항상 '핵심과 본질'을 중요시하라~.
- 성공출세와 부자가 되려면 한눈에 꿰뚫어 보는 '통찰력'을 키워라.
- 성공출세와 부자가 되려면 자기 분야에서 탁월한 '전문가'가 되어라.
- 성공출세와 부자가 되려면 훌륭한 인재를 '협조자'로 잘 얻으라.
- 성공출세와 부자가 되려면 항상 '기회창조'를 계속 만들어 가라.
- 성공출세와 부자가 되려면 목표·계획·준비·실천으로 꼭 행하라.
- 성공과 출세를 하고 있는 사람은 항상 '스캔들'을 조심하라~.
- 유명인사와 공인들은 항상 '구설수 및 망신살과 관재수'를 조심하라~.
- 유명인사가 된 사람들은 반드시 '겸손과 절제'를 많이 가져라~.
- 자기 절제로 겸손과 검소한 생활은 가르침과 배움의 '품성공부'이다.
- 가르침과 동기부여를 주는 '좋은 책'은 반드시 수중에 꼭 넣어라~.
- 사람들에게 '동기부여'를 계속 유발시키면 누구나 성공을 이룬다.
- 자기 자신과 자녀에게 '끼'가 있으면 연예인으로 도전을 꼭 해보라.
- 연예인으로 발탁이 되면 가장 먼저 '인기운' 여부?를 꼭 점(占) 봐라~.

- 가장 먼저 정확한 '운(運)감정'을 받은 후에 시간과 노력을 투자하라~.
- 모든 연예인은 인기운을 좋게 '개운'하면 큰 인기를 얻을 수 있다.
- 모든 사람은 저마다의 한 가지씩은 '소질과 재능'을 타고난다.
- 타고난 소질재능 및 장점과 강점을 찾아내어 '최대로 활용'을 잘 하라~.
- 사람의 타고난 천성적 기질·소질·재능발견 및 계발과 운(運)을 좋게 하는 '개운'은 정말로 중요하다……
- 성공출세와 부자가 되려면 최우선으로 '자기 자신'을 잘 경영하라.
- 평생 동안을 잘 살려면 운영과 경영 등 '경영학'을 꼭 공부해 두어라.
- 집안의 가장과 주부가 가정을 잘 경영하는 것은 '경영기술'의 기본이다.
- 자기 가정을 잘 경영하지 못한 가장과 주부들은 반드시 '공부'를 하라~.
- 공부는 마음을 잘 다스리는 것과 운(運)을 아는 것이 첫번째이다.
- 집안과 가게·기업·국가 경영까지도 '앞날의 운(運)'을 꼭 알아야 한다.
- 앞날의 운(運)을 모르거나 또는 운(運)이 나쁘면 모든 것이 허사이다.
- 세상의 모든 것은 성·주·괴·공으로 변화 및 순환을 계속한다.
- 세상의 모든 것은 개발과 발전을 향해 스스로 '변화'를 계속 한다.
- 손도사는 평생 동안 다양한 장르의 책을 저술해오면서 '천성기질소질재능 인간계발론' 그리고 '인생3단계 성공론'과 '인생3박자 성공론'을 주창하였고 또한 '제4의 물결'을 예언하면서 첨단기술물결과 신명나는 한류문화의 큰 물결을 선언까지 했다.
- 21세기에는 제4의 정신 및 문화의 물결로 K팝·K트로트·K뷰티·K푸드·K패션·K무브·K문학 그리고 K신통의술·K퇴마술·K점술과 K명상 수련 등이 '한류물결'로 세상만방에 뻗쳐나간다.
- 21세기는 첨단기술의 물결로 '기존 직업의 종말'들을 예고한다.

- 앞으로 10년 후 당신의 직업과 사업을 '준비 및 대비'를 잘 하라~.
- 앞으로 미래산업과 미래사회의 예측을 대략해 보면, 소비자 직접 구매대중화 · 지식검색 대중화 · 딥러닝 대중화 · 모든 경계의 파괴화 · 모든 기득권의 파괴화 · 외국어 동시통역기의 대중화 · 현실과 가상경계의 파괴화 · 게임과 미디어 파괴화 · 스마트폰의 디지털 브레인화 · 3D프린팅의 대중화 · 가상화폐와 핀테크 등 금융의 다양화 · AR증강현실의 상업대중화 · 생체인식보안의 대중화 · 드론의 상용화 · 데이터과학의 상용화 · 양자컴퓨터의 상용화 · 대체에너지의 대중화 · 클라우드펀딩의 대중화 · 스마트 홈시대의 대중화 · 사물인터넷의 대중화 · 클라우드서비스 상용화 · GMO산업의 세계화 · 에너지집적기술의 가속화 · 전기자동차의 대중화 · 자율주행자동차의 상용화 · 로보어드바이저의 대중화 · 인공지능과 생활서비스로봇의 대중화 · 웨어러블장치의 대중화 · 인공지능 및 원격진료 의료서비스의 상용화 · 로보닥 및 모바일 주치의 대중화 · 텔레파시와 염력의 실용화 · 뇌 인터페이스의 실용화 · 산업융복합의 일반화 · 바이오산업의 활성화 · 나노기술산업의 보편화 · 합성생물학의 상용화 · 자의식 인공지능과 자율 로봇의 상용화 · 레이저무기 실용화 · 사이보그인간 대중화 · 뇌신경 공학산업의 상용화 · 민간우주여행 상용화 · 초고속하이퍼루프기술의 상용화 · 극초음속비행기의 상용화 · 공중비행자동차의 상용화 · 인간의 자기복제 그리고 초광속비행 · 순간이동 · 시간여행 · 투명인간 등등 많은 첨단기술의 '미래산업'이 예상된다.
- 모든 개인들과 투자 및 기업인들은 '통찰과 예측'을 정말로 잘하라~.
- 크고 작은 모든 기업에서는 '의사결정권자'의 운(運)이 정말로 중요하니 모든 사업 및 기업의 오너들은 자기 자신의 앞날 운(運)을 정확히 '진단 겸 상

담'을 꼭 한 번 받아둬라~.

• 21세기에는 끊임없이 변화와 혁신으로 '적응'을 잘 해나가야 한다.

• 혁신은 가장 어려운 것을, 변화는 가장 쉬운 것부터 '실행'을 하라~.

• 변화와 혁신에 앞서거나 적응하지 못하면 결국 '도태'를 당한다.

• 항상 현실을 직시하고 연구와 개발로 혁신과 발전을 계속하라~.

• 비즈니스는 끝없이 계속 도전하고 배우고 성장하는 '과정'이다.

• 모든 일에 통합성과 시너지효과가 없는 것들은 '정리'를 잘 하라.

• 살아남으려면 핵심역량과 통합성으로 '재편성'을 잘 구상하라.

• 몸통이 살아남으려면 팔과 다리 하나쯤은 과감히 잘라 내어라.

• 모든 것의 끝은 끝이 아니고 또 다른 시작의 '시점'일 뿐이다.

• 모든 것의 시작과 끝은 '변화순환법칙'의 어느 시점일 뿐이다.

• 모든 것은 현재만 존재하니 항상 '현재'에 최선의 노력을 다하라~.

• 무슨 일이든 계획과 준비를 잘 하고, 중간에 '보완'을 잘 해나가라.

• 평생 동안 밥을 먹는 것처럼 끊임없이 배우면서 능력을 키워나아가라.

• 명성과 능력을 갖춘 도움이 되는 친구와 사람들을 잘 사귀어 나가라.

• 세상과 인생을 잘 살려면 '자기편의 사람'을 계속 만들어 나가라.

• 모든 조직과 단체에서 성공을 하려면 '자기편의 사람'을 꼭 만들어라~.

• 능력있고 믿을만한 자기편 사람이 몇 명만 있으면 반드시 성공을 한다.

• 자기 소유의 재산이 있는 사람들은 항상 '손해배상사고'를 조심하라~.

• 자기 재산이 많거나 유명인들은 항상 '자동차사고'를 조심하라.

• 자동차 사고가 발생하면 민사 · 형사 · 행정법상 '책임'이 따른다.

• 자동차 손해배상법상 배상책임은 '운행자와 소유자'가 함께 진다.

• 자동차보험은 피해자도 보험금을 '직접 청구'할 수 있다.

- 자동차 사고의 피해자가 직접 보험금을 청구하면 보험회사는 피보험자에게 통지를 하고 7일 이내에 보험금을 지급한다.
- 자동차의 소유·세금·법규·사고·보험·운행 등은 아주 중요하다.
- 교통사고를 낸 자동차는 가해차량과 피해차량으로 구분 및 적용을 하고 추돌할 때는 뒤 차량이 가해자이고, 차로변경을 할 때는 변경을 하는 차가 가해자이고, 신호등이 있는 교차로에서는 신호위반 교차로 진입차가 가해자이고, 신호등이 없는 교차로에서는 먼저 진입한 차가 우선순위이고, 큰길과 작은 길에서는 큰 길차가 우선순위이고, 직진과 좌회전에서는 직진차가 우선순위이고, 양보표지판 또는 일시정지표지판이 있는 곳에서는 진입차가 가해자이고, 일방통행표지판이 있는 곳에서는 어긴 쪽이 가해자이다.
- 자동차사고로 사망 및 중상해 그리고 10대 중과실 및 뺑소니를 일으키면 '형사처벌'을 받을 수 있고, 형사합의를 해야 참작이 되며 합의가 안 될 경우에는 '공탁금'을 예치하라.
- 세상의 이치는 아는 만큼 보이니, 모르는 것은 배우고 또 배워나가라~.
- 모든 국민은 헌법에 자유 및 행복추구의 권리가 있고 신체의 자유, 표현의 자유, 주거의 자유, 직업의 자유, 종교의 자유·계약의 자유·사랑의 자유·사생활의 자유 등이 있다.
- 모든 국민은 그 나라의 헌법과 기본 3법을 알아야 하고 또한 모든 종교인은 그 종교의 종헌과 종법을 알아야 한다.
- 모든 사람은 민법·형법·상법 등 '기본법률'은 꼭 알아두어라~.
- 모든 영업과 장사·사업 등 상업을 하는 사람은 '상법'을 꼭 알아두어라~.
- 상가·주상건물·집합건물·오피스텔·분양형 호텔 등의 구분소유자와 관리위원은 '집합건물법'과 '관리규약' 등을 꼭 알고 있어야 한다.

- 모든 아파트의 입주민과 동대표는 '공동주택법'을 꼭 알아야 한다.
- 부동산의 사용 및 임대차관계에서 월세 또는 관리비가 '3개월 연체'가 될 경우에는 핸드폰 문자 또는 내용증명 우편으로 독촉·최고를 꼭 전달하고, 계약해지 및 명도(인도) 청구절차 진행을 잘 하라~.
- 모든 부동산의 임차인들은 월세 또는 관리비를 3개월 연체를 하지 말라~.
- 중요한 의사전달은 내용증명 또는 핸드폰 문자 등을 잘 이용하라~.
- 사고사건 등 문제가 발생할 경우에는 반드시 '물증 확보'를 잘 하라~.
- 사고사건 등이 발생을 하면 2~3군데에서 '법률상담'을 받아보고 그리고 그중에서 가장 합리적인 선택을 잘 하라~.
- 민사소송을 당하면 30일 이내에 반드시 '답변서'를 써내야 한다.
- 민사재판은 ① 소장 ② 답변서 ③ 준비서면 ④ 재판의 순서이다.
- 답변서·준비서면·항소장·항고장 등은 정말로 잘 써 내어라~.
- 소송을 할 때는 가장 먼저 '관련법률'과 '대법원판례'를 꼭 조사하라.[필자는 유사사건의 판례와 정확한 송사운(運) 점괘로 변호사 없이 '종로 국일관 대지권소송'을 직접 진두지휘하여 약 1,000억 원 상당의 건물대지소유권을 되찾아 오기도 했었는바, 모든 송사문제는 가장 먼저 '판례조사와 승소운(運)'이 가장 중요합니다.]
- 고소를 할 때 또는 재판을 할 때는 먼저 '승소운(運)'을 꼭 점(占) 봐라~.
- 1심판결에서 패소를 당하면 반드시 '2심승소운(運)'을 꼭 점(占) 봐라~.
- 판결·결정·명령서 등 서류를 받고 불복해 이의가 있을 경우에는 해당 법원 또는 기관에 반드시 '이의신청서' 등을 제출하라.
- 국가정부 행정기관의 잘못 처분이 있을 경우에는 행정심판청구 또는 행정법원이나 지방법원 행정재판부에 '행정소송'을 내어라.

- 민사사건 · 형사사건 · 행정사건은 번지수가 다르니 꼭 '문의'를 잘 하라.
- 살인 · 방화 · 강도 · 강간 · 상해 · 아동성폭행 그리고 계획성과 고의성이 있는 형사범죄는 처벌과 형벌이 강하니 반드시 '조심'을 하라!!
- 모든 소송과 재판을 할 때는 주장을 하는 사람이 확실한 증거와 판례 및 법리 등으로 반드시 입증을 해야 하는 '입증책임'이 따른다.
- 모든 사고와 사건 관련으로 조사 · 수사 · 재판을 받을 경우에 사실과 진실의 '증거'들은 아주 중요하니 계약서 · 차용증 · 영수증 · 입금증 · 핸드폰문자 · 내용증명 · 사진 · 동영상 · 진단서 · 진료기록부 · 대화녹음 · 회의록 · 결의서 · 녹취록 · 공증서 · 합의서 등의 '물적 증서'는 보관을 잘 하고 필요할 때는 '제출'을 꼭 하라~.
- 고소장 작성부터 경찰서 조사관 진술을 할 때 그리고 검사와 판사는 제출된 '증거서류'를 가장 중요시 여긴다.
- 검사와 판사는 확실한 물증의 '증거서류'로만 판단을 한다…….
- 경찰서나 검찰에서 조사받을 때 불리하면 '묵비권'을 잘 행사하라.
- 모든 피의자와 피고인은 증거인멸 또는 도주의사가 없을 경우 구속적부심사와 보석청구를 잘 하라.
- 체포 · 구속의 적부심사와 보석청구는 변호사 · 법정대리인 · 배우자 · 직계친족 · 형제자매 · 동거인 · 고용주 등등이다.
- 경찰서나 검찰에서 피의자 신문조서 진술서를 작성할 경우에는 진술내용을 다시 지세히 꼭 읽어보고, 진술내용이 사실과 다르거나 또는 빠진 내용이 있거나 또는 이의가 있을 경우에는 반드시 '수정 및 보완'을 요구하고 마지막 확인 후 무인을 찍어라~.
- 처음 진술이 잘못되었다고 생각되거나 또는 고문 · 협박 · 회유 · 강요 때문

에 잘못 진술을 했을 경우에는 '공개재판'을 받을 때 재판장 앞에서 사실대로 꼭 말을 잘 하여라~.

- 재판장 앞에서의 직접 진술과 변론은 가장 확실한 방법이다.
- 재판은 증거에 의한 진실관계 및 상관관계의 '법률적용'에 의한다.
- 형사재판과 모든 재판을 받을 때는 사실과 진실의 '실체적 증명'이 중요하니 잘 모르는 것은 모른다고 답하고, 기억이 안 나는 것은 기억이 안 난다고 답하고, 애매한 것은 제정신이 아니었다 또는 착오했다 또는 죄가 되는 줄 몰랐다 또는 우발적이었다 등등으로 답변을 잘하고, 자신에게 유리한 것은 메모를 하면서 끝까지 차근차근 사실과 증거들로 '변론'을 잘 해야 한다.
- 원심판결이 억울하거든 꼭 '상소'를 하고, 억울함과 부당함에 대한 사실증거와 법리해석 및 판례 등으로 '상소이유서'를 잘 써내어라
- 상소이유서 내용으로는 사실오인 · 양형부당 · 법령위반 · 절차위반 · 기존의 판례와 다름 등등이니 잘못된 부분을 꼭 찾아내어 이유를 잘 만들어라.
- 진실은 스스로 증명을 하게 되니, 진실한 증거들은 승소로 이끌어준다.
- 재판을 받을 때에 검사와 변호사 그리고 상대방 및 증인이 거짓말 등을 할 경우에는 즉시 '이의신청합니다' 등 의사표현을 반드시 말하라.
- 재판을 받을 때는 진술과 답변을 잘 하고, 증거신청과 증인신청을 잘 하고, 그리고 사무관이 기록을 잘 하도록 유도를 잘 하라.
- 민사소송과 형사고소 등을 할 때는 아주 '신중'을 기하라.
- 모든 소송에서는 패소를 당한 사람이 '소송비용'까지 부담을 해야 한다.
- 기본 법률지식을 모르면 변호사에게까지도 '사기'를 당할 수 있다.
- 변호사들은 어떻게든 사건소송으로 유도를 해서 착수금과 성공사례금 등 오직 '수임료 돈'만 밝히니 변호사들의 말은 그대로 다 믿지 말라.

- 판사도 믿지 말라. 유전무죄와 무전유죄의 잘못된 '오판결'이 많다.
- 오직 믿을 수 있는 것은 '판례'와 자기 자신의 '승소운(運)'뿐이다……
- 모든 관재수와 소송문제해결은 그 사람의 '승소운(運)'이 최고이다.
- 민사 · 형사 · 행정 · 세금 등 사고 및 사건의 '관재수'가 생기면, 가장 먼저 최고 1류급 운명상담가를 찾아가 '점(占)'을 꼭 봐라~.
- 점(占)술가도 지식과 능력에 따라 1류급 · 2류급 · 3류급 등의 '등급'이 있다.
- 중요한 사람들과 위험한 일을 하는 사람들은 CCTV와 녹음 · 도청 및 감청이 많으니 통화와 문자발송 등에 항상 '주의'를 기울여라.
- 자기 자신에게 '불리한 증거들'은 절대로 남겨지게 하지 말라.
- 명예훼손죄는 형사와 민사로 함께 처벌을 받으니 함부로 남을 공개적으로 지나친 비방이나 악성 댓글 등은 꼭 '조심'을 하라.
- 사기죄는 처음부터 계획 및 고의성으로 타인을 거짓 기망하여 재물이나 이익을 취하면 성립이 된다.
- 저작권 · 특허권 · 상표권 등은 매우 중요하니 '불법사용'을 조심하라.
- 금전의 이해관련 민사소송은 가처분 · 가압류부터 먼저 꼭 해두어라.
- 소송을 승소하더라도 가처분 · 가압류 등 '사전보전조치'를 안 해두면 또는 패소자나 채무자가 배 째라 해버리면 받아낼 방법이 없다.
- 개인파산을 당했거나 개인 소유의 자산 및 재산이 없는 사람과는 민사소송을 하고 승소를 하더라도 한 푼도 받아낼 수가 없으니 '신중'을 하라.
- 개인 소유의 자산 및 재산이 없는 사람과의 거래는 '신중'을 기하라.
- 살아가면서 어떻게든 사건을 만들거나 사건에 휘말리지 말라.
- 하늘은 사람들에게 양심을 심어 놓았으니 그 양심에 잘 따르라.
- 모든 법원의 재판장들은 '실체적 진실발견'의 권리와 의무가 있다.

- 모든 재판을 할 때는 단 한 사람이라도 '억울한 판결'이 없어야 한다.
- 판사들이 '양심적 판결'을 한다면 억울한 판결은 결코 없을 것이다……
- 행위 중에서 ① 정당한 행위 ② 정당방위 ③ 긴급피난 ④ 자구행위 ⑤ 피해자의 승낙 ⑥ 공공의 이익 ⑦ 일시오락성 도박 ⑧ 점유자의 자력구제 ⑨ 폭력 또는 협박에 의한 강요행위의 방어 ⑩ 심신상실상태의 행위 등은 처벌받지 않으니 '참고'를 하라.
- 또한 참고로 대다수의 민주주의 국가들과 대한민국의 헌법에도 언론 · 출판 · 결사 · 집회 등 '표현의 자유'가 있다.
- 억울함을 당할 경우에는 '소송'을 해야 하지만, 소송 등은 시간이 오래 걸리고 비용이 들어가고, 집회시위 등은 목적달성에 가장 효과적일 수 있다.
- 약자에게는 집회시위가 가장 효과적인 '투쟁수단'이기도 하다.
- 집시법에는 2인 이상의 집회시위는 관할 경찰서에 반드시 '사전신고'를 해야 하고, 접수증을 교부받아야 하며, 최소 48시간이 지나야 시행을 할 수 있다.
- 집단으로 집회시위를 할 때는 주체자 · 주관자 · 질서유지인 등이 있어야 한다.
- 그러나 '1인시위'는 집회 신고 없이 누구나 어느 장소에서나 가능하다.
- 1인시위는 자기 자신에게 운이 좋은 날짜를 택일하고, 가장 좋은 방법과 장소를 잘 선택해야 하고, 상대자의 건물 앞 · 회사 앞 · 공장 앞 · 사무실 앞 · 집 앞 등에서 피켓 문구 또는 작은 현수막 등을 손에 들고 서 있거나 또는 큰소리로 구호를 외치면 아주 효과적이다.
- 손해 및 피해를 보고 억울함을 당할 경우에는 반드시 행동을 하라~.
- 항상 현재의 상황에서 누가 '갑'인지 또는 '을'인지 생각을 잘 하라~.

- 대한민국은 현재 초혼과 재혼의 혼인신고가 1년에 약 30만 쌍이고, 이혼신고는 약 10만 쌍으로 개인들의 타고난 '결혼운'은 정말로 중요하다!!
- 결혼과 이혼 및 재혼 또는 별거 및 합가 그리고 송사 등의 중요한 인생문제가 발생을 하면 반드시 1류 상담가에게 '운명상담'을 꼭 받으라~.
- 이혼을 할 수 있는 방법은 협의이혼 · 조정이혼 · 소송이혼 등이다.
- 이혼의 위자료는 부부관계를 깬 쪽이 줘야 하고 적은 금액이다.
- 이혼의 재산분할은 부부관계를 깨뜨린 쪽도 청구할 수 있다.
- 이혼의 재산분할은 두 사람 결혼생활 중 '재산 형성의 기여도'에 따른다.
- 결혼과 이혼 · 재혼 등의 문제는 결혼도 안 해보거나 사주풀이와 손금풀이도 볼 줄 모르는 스님 · 신부님 · 목사님에게 결코 상담을 받지 말라~.
- 세상과 인생은 '분야별 전문가'가 가장 잘 아는 것이다……
- 결혼과 재혼을 잘 하면 인생살이 50%는 저절로 '성공'을 하게 된다.
- 돈 없는 사람들은 결혼 및 재혼이 최고의 '재테크'일 수도 있다.
- 애인을 만나고 초혼이든 또는 재혼이든 상대편이 재산이 많이 있으면 '결혼과 혼인신고'를 빨리 그리고 꼭 해두어라~.
- 혼인신고가 되어야 상대편으로부터 보호와 '경제적 도움'을 받는다.
- 결혼과 재혼을 잘 하려면 먼저 타고난 '결혼운과 궁합'을 꼭 점(占) 봐라~.
- 궁합을 점(占) 볼 때는 원진살 · 상충살 · 삼형살 · 상파살을 꼭 피하라~.
- 자궁살 · 과부살 · 백호살 · 고독살이 있는 여성과는 결혼을 꼭 피하라~.
- 역마살 · 방탕실 · 파산살 · 고독살이 있는 남성과는 결혼을 꼭 피하라~.
- 신경정신이상의 빙의살 · 종교세뇌의 맹신살 · 현실성과 사리판단력이 부족한 저능살 · 평생 가난한 빈곤살이 있는 사람과는 결혼을 반드시 피하라~.
- 사주팔자 운명 속에 죄업(罪業)이 많은 사람과는 결혼을 꼭 피하라~.

- 타고난 사주와 손금에 살(殺)이 많은 사람과는 결혼을 꼭 피하라~.

- 부모가 이혼을 했거나 과부 · 홀아비 · 큰 질병 · 큰 사고 · 범죄꾼 · 술중독 · 마약중독 · 도박중독 · 가정폭력 · 무능력 · 가난 그리고 수명이 단명한 집안의 자녀와는 결혼을 피하고, 이미 결혼을 해 버렸으면 반드시 '개운법'으로 예방과 치료의 '대비책'을 꼭 세우라~.

- 부모와 자녀간의 '유전자검사'는 99.99%까지 일치를 한다.

- 부모조상의 DNA 유전인자적 '핏줄대물림'은 99%까지 적중을 한다.

- 운명작용에서 '핏줄대물림현상'은 10가정 중 9가정이 적중을 한다.

- 부모님의 억울한 나쁜 핏줄대물림은 오직 '예방'만이 최선책이다!!

- 전생과 핏줄대물림 소멸의 업살(業煞)풀이는 최선의 '개운법'이다…….

- 모든 사람은 선천성유전자와 후천성유전자를 함께 알아야 한다.

- 금생에 당신이 생각하고 보고 듣고 먹고 느끼고 기억하고 이해하고 깨닫고 그리고 기쁨 및 행복과 고통 및 불행 그리고 이혼 · 암 · 불치병 등 모든 것들은 또다시 '후천성유전자형성'에 반드시 영향을 끼친다.

- 사람의 후천성유전학에서 자신의 업(業)은 자식들에게 '상속'이 된다.

- 특히 정신작용을 가장 많이 일으키는 맹신적인 추종의 과종교 신앙행위는 일종의 '정신질환'으로 자식에게 가장 나쁜 영향을 끼친다…….

- 칠성줄 또는 공줄로 태어난 사람은 사주와 이름을 꼭 팔아주어라~.

- 칠성줄로 태어난 사람은 신불(神 · 佛) 앞에 촛불을 항상 밝혀주어라.

- 칠성줄로 태어난 사람과 종교인 및 신자들은 '개고기'를 먹지 말라.

- 특별한 자기 조상이나 영혼들은 강아지로 가장 많이 '환생'을 한다.

- 특히 칠성줄 또는 공줄로 태어난 사람 또는 그러한 말을 들었던 사람 즉, 손도사 손금풀이 ⑬번 손금이 생겨있는 사람은 자기 자신의 '전생 업(業)'

내림'으로 태어난 특별한 영혼들로서 종교성 · 영성 · 불성 · 영매성 · 허약성 · 수명단명 등을 의미하고, 그 집안에 칠성공이나 기도를 많이 한 조상이 꼭 존재한다.

- 특별하게 사람(주인 · 가족)을 잘 따르는 애완견 강아지는 전생이 사람이었고, 또한 자기 조상 및 가족이었기 때문에 그 애완견이 죽을 때는 다시 사람으로 태어나게 해주는 '인도환생천도재'를 꼭 해주어라~.
- 애완견이 죽은 후 '인도환생천도재'를 해주면 다시 만날 수 있다.
- 삶이란? 영혼들이 전생 · 현생 · 래생을 살아가는 '과정'일 뿐이다……
- 모든 것은 모든 것의 원인이 되고 그리고 결과가 반드시 따르게 된다!!
- 모든 사람들의 선천성장애와 불치병 및 난치병 그리고 핏줄내림병 및 집안 수명 짧음과 가난대물림까지도 그 진실은 '업(業)작용' 때문이다.
- 인간의 '원죄'는 본래가 자기 영혼의 전생과 자기 부모의 '업(業)죄'이다.
- 현생의 업(業)은 이후의 삶과 다음 생으로 또다시 반드시 작용을 한다!!
- 인간들의 법규에 낙태죄를 없앤다고 '살인죄업'이 없어지지 않는다.
- 낙태수술로 자궁속의 태아들을 죽인 '태아살인자'들은 대부분 그 애기영혼들의 원망스런 저주와 벌을 받는다.
- 영혼이 깃들고 심장이 뛰고 있는 태아는 '인간생명체'들이다.
- 낙태수술 경험이 있는 여성으로서 남편복이 없거나 또는 자궁질환의 큰 병이 생기거나 또는 애기꿈을 자주 꾼 여성들은 '자궁살풀이'와 낙태살인 아기영혼의 '해원천도재'를 꼭 한 번 해주어라~.
- 낙태수술을 많이 행한 산부인과 의사들은 '인생 종말'이 반드시 나빠진다.
- 낙태살인을 많이 행한 산부인과 의사들과 낙태살인을 곁에서 도와준 간호사들은 아기영혼들 '해원천도재'를 꼭 한 번 해주어라~.

- 사람을 죽인 살인자들은 '인과응보'로 인생살이가 반드시 나빠진다.
- 지난 과거와 전생에 지은 죄업은 반드시 '면죄'를 받아야 한다…….
- 자기 소유등기의 부동산 및 재산이 있는 사람들은 '법'을 잘 지켜라.
- 재산이 있는 사람이 법을 어겼을 경우 '재산압류' 등을 당할 수 있다.
- 삶을 여유롭게 잘 살려면 평생 동안 '경제활동과 신용관리'를 잘 하라.
- 경제활동과 신용관리를 잘 하려면 '돈 관리'를 잘 해야 한다.
- 살아가면서 공짜 및 고수익보장이라는 모든 광고에는 절대로 속지 말라.
- 상식 이상의 고수익보장이라는 모든 광고는 모두 '사기꾼'들이다.
- 이 세상에 정당한 대가 없는 공짜 고수익이란 아무것도 없다.
- 어떠한 경우에도 돈놀이를 하는 개인사채와 대부업체의 '고금리 이자' 돈은 절대로 빌려 쓰지 말라.
- 돈 재정수입이 적거나 없는 사람이 연 10% 이상 이자를 물어줄 경우에는 대부분 빚이 점차로 더 늘어나고 결국에는 망하게 된다.
- 특히 금전의 빚은 원금과 이자 그리고 이자의 이자까지 복리식으로 계속 불어나고 '빚은 죽을 때까지'따라 다닌다.
- 명심하라! 빚과 이자는 당신이 잠을 잘 때도 계속 불어난다.
- 어떠한 경우에도 젊은 사람들은 범법자 · 전과자가 되지 말라.
- 한 번 잘못으로 전과자가 되면 평생 동안 사회활동을 제한받는다.
- 삶이 억울하거든 지금부터라도 제대로 '다시 시작'을 해보라~.
- 지금부터라도 또한 늦게라도 시작할 때가 가장 빠른 법이다.
- 지금은 힘들지라도 '꿈과 희망'을 가지고 살면 언젠가 꿈은 현실이 된다.
- 거북이와 달팽이가 꿈과 희망을 가지면 천리길을 갈 수 있다.
- 어떻게든 성공출세하고 부자가 되어 '대접받는 사람'이 꼭 되어라~.

- 삶이 고통스럽고 불행한 사람들은 정성스럽게 '기도'를 많이 하라~.
- 진심과 정성의 간절한 기도는 존재계의 신(神)들께 전달이 된다.
- 기도의 본질은 우주하늘자연 속의 위대한 능력을 현실세계로 끄집어 내려는 강한 시도이다.
- 모든 종교와 기도의 목적은 복(福)을 달라는 '기복과 구복'이고, 구제와 구원의 '축복(祝福)'을 받으려함이다.
- 종교(宗敎)를 뜻글자로 해석을 하면 으뜸가는 종(宗), 가르칠 교(敎)로서 '으뜸가는 가르침'이고, 그 뜻은 삶과 죽음을 해결하는 것이다.
- 기독교는 히브리문화(유대문화)에 뿌리를 두고, 4,000년 전쯤에 메소포타미아지역 수메르문명권의 갈대아우르에 살던 아브라함이 그 아버지 데라와 함께 시작되었고, 이삭의 아들 야곱이 열두 명의 아들을 낳아 열두 부족의 조상이 되어 12지파의 역사가 시작되었으며, 아브라함부족은 야훼신(God)을 받들면서 유일신 신앙이 시작되고, 예수그리스도를 구세주로 믿고 죽어서 천국가는 것을 이상향으로 한다.
- 불교는 고대인도지역에서 위대한 성자 고타마붓다 석가모니가 2,500년 전쯤에 창시한 종교이고, 우주자연의 섭리와 도(道)를 깨달아 이 세상의 모든 번뇌와 고통으로부터 벗어나 해탈자유의 부처가 됨을 종지로 하며, 죽어서는 극락세계로 가는 것을 이상향으로 한다.
- 종교인들과 신자 및 성도들은 자신이 믿고 있는 그 종교가 과연 최선 및 최고의 종교(으뜸가는 가르침)인가? 꼭 한 번 스스로에게 물어보아라~.
- 부모 또는 배우자 또는 누구로부터 시작되어 현재 믿고 있는 그 종교가 잘 사는 삶과 죽음의 '진실과 깨우침'을 잘 가르쳐 주고 있는가?를 냉철하게 합리적인 생각을 꼭 해보라~.

- 세상에는 거짓으로 '희망고문'만을 주는 나쁜 종교들이 너무나 많다.
- 특히, 말세론 및 종말론과 병겁 등으로 선량한 사람들을 겁주거나 또는 신 천지 · 왕국론 · 천국론 및 휴거론과 구원론 및 미륵세상 등으로 사람들을 유혹하는 종교들은 모두가 진실 및 진리의 본질을 왜곡한 잘못들이다.
- 우주하늘자연의 섭리 및 순리와 도리가 진정한 '진리이고 진실'이다.
- 종교와 정치는 사회 혼란을 야기한 '선동적 세뇌주입'이 너무나 많다.
- 오늘날의 사람들은 과거의 철학과 종교들에 몽땅 '세뇌'가 되어 있다.
- 모두가 과거의 부처님과 예수님의 말씀을 '앵무새'처럼 사용만 하고 있고, 맹신적인 추종으로 영혼 없는 '노예'가 되어 가고 있다.
- 세뇌의 산물로부터 정신 차리는 것이 알아차림이고 깨우침이다.
- 이빨이 아플 때 아픈 이빨을 뽑아버리면 즉시 치통은 해결이 된다.
- 질병을 못 고치는 그 병원에 계속 다니는 것은 어리석은 것처럼, 기도응답 이 없는 그 종교를 계속 믿는 것은 '가장 어리석은 짓'이다.
- 환자를 못 고치는 의사는 필요없는 것처럼, 인생문제들을 해결해 주지 못 하는 앵무새처럼의 '종교인들'은 정말로 필요없다.
- 모든 파당을 만든 정치인과 종교인들은 그냥 '출세주의자'일 뿐이다.
- 종교인이 파당 및 사이비종교를 만드는 것은 오직 '돈욕심'뿐이다.
- 과거에도 현재에도 종교들은 오직 서민들 돈을 '갈취'해 오고 있다.
- 갖가지 명목의 헌금 및 시주금을 강조하는 종교들은 즉시 바꾸라~.
- 1년 이상을 믿었는데도 기도응답이 없는 신앙은 반드시 즉시 바꾸라~.
- 1년 이상을 추종하는데도 나아지지 않으면 미련없이 즉시 떠나라~.
- 삶이 나아지지 않는다면 '삶의 방법'을 과감히 바꾸어야 한다……
- 자기 영혼에게 맞는 종교와 기도는 즉시 '좋은 응답'이 주어진다.

- 이승에서의 삶을 잘 살아야 그 결과로 저승에서도 잘 살게 된다.
- 삶의 문제가 해결되면, 편안한 마음으로 '깨달음'을 향해 나아가라~.
- 우주하늘자연 속의 위대한 본질은 섭리 · 순리 · 진리의 '도(道)'이다.
- 큰 기도는 우주하늘자연의 진리 깨달음 '도통'을 이루는 것이다.
- 작은 기도는 각 개인들이 소망하는 것들을 간구하는 것이다.
- 지극정성으로 기도를 하는 사람은 '한 가지 소원'은 꼭 이루게 된다.
- 특히, 고통과 불행이 많은 사람들은 신(神)들께 '속죄'를 많이 하라~.
- 전생과 조상의 죄업(罪業)이 먼저 풀려야 운(運)이 열리고 소원을 이룬다.
- 신(神)들은 때로는 빛으로, 때로는 음성으로 '의사전달'을 한다!!
- 우주하늘자연의 신(神)들은 종교에 따라서 약 1,000가지의 신명(神名) 이름이 있고, 둔갑술로 모습을 바꾸며, 모두가 '역할분담'을 따로 맡고 있다.
- 모든 신(神)들은 '고유의 파장'을 가지고 있으니, 기도를 할 때는 반드시 주파수 사이클을 잘 맞추어라~.
- 내 영혼이 믿는 신(神)과 반드시 주파수 사이클이 맞아야 비로소 '기도의 응답'이 주어진다.
- 라디오와 TV를 켤 때 주파수가 맞아야 소리가 들리고, 화면이 보이는 것처럼 모든 기도는 반드시 '주파수'가 맞아야 한다.
- 신(神)들은 믿는 종교에 따라서 '둔갑술'로 다르게 모습을 나타내니, 기독교를 믿는 사람에게는 예수님이 나타날 수 있고, 불교를 믿는 사람에게는 부처님 또는 보살님이 나타날 수 있다.
- 신(神)들이 생시 때나 또는 꿈속에서 모습을 보여줄 때는 실체인지? 또는 마음작용의 허상인지? 또는 맹신적인 과종교증으로 헛것을 본 것인지? 등의 '구별'을 잘 하라~.

- 어느 종교를 계속 믿으면서 예수님이나 또는 부처님이나 또는 보살님이나 등 신(神)의 모습을 한 번도 접하지 못한 사람은 '안 맞는 종교'를 계속 믿고 있는 인생 최대의 '어리석은 짓'을 하고 있는 중이다.
- 기도응답이 없는 사람들은 '종교 적합성'을 꼭 한 번 진단받으라~.
- 종교 적합성도 모르고, 주파수도 못 맞추면, 인생 '헛고생'만 계속된다…….
- 모든 종교인과 신자들은 기도로 시작해서 반드시 명상으로 끝내라~.
- 명상기도는 자기성찰과 통찰력을 기르는 최고급의 '정신수련'이다.
- 일반적 종교기도와 천기신통술초월명상기도는 '영적수준'이 다르다.
- 영적수준은 아기단계 → 청년단계 → 어른단계로 진행이 된다.
- 명상은 일반묵상 → 신통술명상 → 초월명상으로 진행을 하라~.
- 천기신통술초월명상은 우주합일체로 사람이 '신(神)적 존재'가 되는 것이다.
- 인격적 및 정신적으로 '위대한 사람'이 되어서 존경과 숭배를 받으라~.
- 맹신적으로 숭배와 찬양을 드리기보다는 '천기신통술초월명상'으로 스스로 '위대한 사람'이 되고, 숭배와 찬양을 받는 고귀한 존재가 되어라~.
- 천기신통술초월명상으로 신통력과 도술을 부리는 초능력의 신인(神人) 겸 도인(道人)이 되고, 깨달음을 이룬 위대한 예언자와 인도자 등의 '존자(尊者)'들은 사람모습을 하고 있는 살아있는 신(神)격이다.
- 죽을 때의 두려움과 죽은 후의 지옥행으로부터 영혼 구원을 받으려면 지금 살아있을 때 반드시 '예언자'와 '인도자'를 꼭 만나고 가르침을 잘 따르라~.
- 진정한 구제와 구원을 받으려면 몸뚱이의 속죄와 영혼의 속죄가 함께 이루어져야 하고, 핏줄적 천륜인 조상과 후손 및 자기 자신 그리고 전생의 속죄와 현생의 속죄가 함께 이루어져야 한다.
- 몸뚱이의 속죄는 '살풀이'로 정화를 꼭 받아야 하고, 영혼의 속죄는 '업풀이'

로 정화를 꼭 받아야 죄사함의 '면죄'가 이루어진다……

- 세상에서 '진리와 진실'을 가르쳐 주는 것이 가장 큰 공덕이다.
- 혼(魂)은 영혼이 되고 혼령이 되는 인간의 본체이고, 영혼이든 혼령이든 살아있을 때나 죽어서나 영원히 '신(神)의 영향'을 받는다.
- 자기 눈높이의 자기 잣대와 편견 및 고정관념 등의 '자기 생각'을 멈추면 진실과 진리가 보이고, 말씀의 가르침들을 잘 들을 수 있게 된다.
- 필자는 젊은 날 한때 기독교와 성경책을 연구하면서 창세기편에서 인류의 조상을 아담과 하와로 표현을 하고, 인류 창조를 7천 년 전쯤이라고 잘못 기록 및 해석을 하는 부분에 대해서는 동의를 못한다.
- 과학계에서는 현생인류 호모사피엔스 출현을 20만 년 전으로 그리고 인류 기원을 100만 년 전이라고 주장을 한다.
- 필자는 과학계의 주장을 더 신뢰하고 있고, 신(神 · God)과 직접 신통으로 말씀을 들을 때 성서가 '잘못 기록'이라고 답을 들었다.
- 필자는 직접 신(神 · God)과 신통으로 말씀을 들을 때 "자기 조상님과 부모님께 지극히 효도하라."고 하셨다.
- 모르는 남의 조상은 믿으면서 자기 조상을 거부하는 것은 어찌할까요??
- 성경책은 핍박받은 유대민족 그들만의 '신화 겸 원한의 역사서'일 뿐이다.
- 구약성서는 실제로 '유대민족'의 역사서이고, "신약은 믿지 말라." 하셨다.
- 유대민족 및 유대교는 신약성서를 인정하지 않고 믿지도 않는다.
- 모든 사람들은 '자기 조국과 자기 민족의 역사서'를 읽어야 하고, 자기 자신의 조상과 뿌리를 알아야 하며 전통문화들은 길이길이 계승을 잘 하라~
- 자기 조국과 자기 민족의 역사와 뿌리를 공부하지 않거나 자기 조상을 부정하고 모른 체하는 사람은 조상이 도와주지 않고 반드시 망하게 된다.

- 자기 부모님께 불효하는 사람은 자식에게 똑같이 그대로 당한다…….
- 더 충격적인 것은, 필자가 직접 신(神·God)과 신통으로 말씀을 들을 때 "무덤에서 부활과 천국행이란 말씀을 하신 적이 없다."고 하셨다.
- 지금까지 2천년 동안 단 1명도 부활의 기적은 일어나지 않았다…….
- 필자는 전라남도 고흥 천등산에서 '말씀과 계시'로 많은 비밀을 알아내었다.
- 창세기 인류의 태초 때부터 모든 신(神·God)들께 제물을 받치는 '제사의 식'은 인간의 '기본 도리'이고 신(神·God)과의 '근본 도리'이다.
- 특히 서양종교 기독교에는 성경책 구약성서 '레위기'에서처럼 다섯(5) 가지의 제사가 있었는바 ① 번제 - 동물을 불에 태우는 제사 ② 소제 - 곡물가루를 불에 태우는 제사 ③ 속죄제 - 죄를 지은 사람은 동물을 대신 죽여 피를 뿌리는 제사 ④ 속건제 - 죄를 지은 사람은 제물로 숫양을 바치는 제사 ⑤ 화목제 - 신(神)의 은혜에 감사를 드리는 제사 등과 추모제가 있고, 불교에도 천도재와 수륙재 등이 있으며, 모든 나라와 민족마다 '하늘제사와 조상제사'는 다 있다.
- 하늘천륜인 "조상님제사와 제사 때 음식을 차리지 말라" 또는 "제사 때 절을 하지 말라" 등을 가르치는 목회자들의 '나쁜 가르침'은 더 이상 따르지 말라~.
- 그 나라의 좋은 전통문화를 해치는 '외래종교'들은 참으로 나쁘다.
- 필자는 신(神·God)과 직접 신통을 한 이후로는 이미 '변질'이 되어 버린 오늘날의 성경책은 결코 읽지도 않고 믿지도 않는다.
- 두루마기 기록서는 본래 100권 이상이었는데 성경책은 66권만 공개를 하고 있고, 수십 차례의 번역과 편집으로 이미 '변질'이 되어 버렸으나, 성경책 내용 중에서 신(神·God)에 대한 믿음은 아브라함처럼 그리고 순종은

사무엘처럼 그렇게 하라~.

• 불교에서도 수행은 달마대사처럼 10년 이상은 도(道)를 닦으라~.

• 종교들에서는 믿음과 수행의 '태도'만 배울 뿐, 더 이상은 없다!!

• 종교들과 위대한 분들에게서는 그 '정신'만 배울 뿐, 더 이상은 없다!!

• 종교적 예배와 찬양시간에 잘 사는 '경제공부와 직업일'을 잘 하라~.

• 엉터리 종교들의 교리공부시간에 차라리 '재테크공부'를 열심히 하라~.

• 엉터리 종교를 믿느니 차라리 자연신(神)을 믿거나 명상을 하라~.

• 인류 역사 이래 종교와 문화는 수없이 만들어 지고 없어져 왔다.

• 더 좋은 새로운 것이 만들어지면 이전의 것들은 자연소멸이 된다.

• 해·달·북두칠성 별·산·바다 등의 '기운과 섭리'는 그 자체로 신(神)이고, 모든 학문적 지식과 종교들의 시원이고 원조이다…….

• 종교 및 종파와 정치성을 '초월'해야 진정으로 깨달은 자유인이다!!

• 조상과 자손은 혼(魂)으로 연결이 되어 '핏줄동기감응작용'을 계속한다.

• 조상과 자손은 죽은 후 최소 100년 동안은 동기감응으로 '상호작용'을 하기 때문에 반드시 제사음식과 차례상은 잘 차려야 한다.

• 잘 사는 재벌부잣집들은 '조상제사상'을 풍성하게 잘 차리고 있다.

• 조상묘소와 제사 등 '조상'을 잘 모시기 때문에 잘 사는 것이다…….

• 사람이 음식으로 '기운'을 차리듯 영혼들도 '기식(氣食)'을 한다.

• 영혼과 조상이 음식으로 기식(氣食)을 잘 해야 '기운'을 발휘하게 된다.

• 조상세사와 차례상을 차리지 않는 집안은 점점 가세가 기울어간다.

• 자기 조상님을 거지 귀신으로 만들어 놓으면서 후손과 자손들이 잘 살기를 바라는 행동은 '가장 어리석음'이라고 꾸짖는다.

• 시대가 바뀌어도 조상님제사는 조부조모 '3대 봉사'는 기본도리이다.

- 모든 조상묘소에서 음식을 올릴 때는 산신(山神)께도 함께 올려라.
- 조상님께는 청주 또는 소주를 올리고, 신(神)들께는 막걸리를 올려라.
- 산(山)속의 모든 기도원에서 기도할 때에도 청수와 제물을 꼭 올려라.
- 산신(山神)과 터신은 그곳의 주인신(神)이 분명하고, 이것이 진실이다.
- 인생살이는 기본에 충실해야 하고, 운(運)작용법칙들을 꼭 알아야 한다.
- 운명작용법칙에는 인과응보인 자기의 '전생업(前生業)'이 가장 강하다.
- 사람들의 운명 속에 들어있는 업(業)의 나쁜 살(煞)은 약 100가지이다.
- 사람들의 타고난 사주운명 속에 들어있는 기질 및 성격과 습성 및 습관 그리고 업살 등은 수많은 '전생(前生)과 조상'에 의해 형성된 것들이다.
- 운명의 나쁜 업살(業煞)작용 때문에 운(運)이 안 풀리는 사람은 반드시 '운명치료'를 해야 하고, 나쁜 운명을 치료할 경우에는 살풀이 · 업장소멸 · 조상 및 낙태아기 해원천도 · 나쁜핏줄대물림소멸 · 신(神)끼소멸 · 칠성줄풀이 · 삼재풀이 · 9수풀이 · 빙의치유 · 대수대명 · 수명이음 · 재수운맞이 · 새로운 운명프로그램 재설정 등등을 '한꺼번'에 해결을 잘 하라~.
- 모든 문제들은 정확히 한꺼번에 해결을 하는 것이 가장 '효율적'이다.
- 전생과 부모님의 나쁜 업살(業煞)로 타고난 사주팔자의 '나쁜 운명'은 결코 본인 스스로는 자가치료가 안 된다.
- 암진단과 암치료는 상급 종합병원에서만 가능한 것처럼, 정확한 운명진단과 운명치료는 '1류급 운명상담사'만 가능하고, 암치료는 환자 본인이 못하는 것처럼, 나쁜 운명은 본인이 결코 바꾸어낼 수는 없다.
- 적은 비용을 들여서 '나쁜 운명'을 바꿀 수만 있다면 반드시 바꾸어라~.
- 사람으로 한 번 태어난 현생의 '자기인생'은 가장 소중한 것이다…….
- 인생살이에는 근본의 도리가 있고 자식된 도리는 중요하다.

- 태어난 성씨를 바꾸거나 족보를 모르는 사람은 가장 큰 '불효'이다.

- 핏줄인 조상과 부모님께 '불효한 사람'은 90%가 점점 운(運)이 나빠진다.

- 자기 자신의 타고난 '성씨'를 바꾼 사람은 대부분 운명도 바뀌게 된다.

- 이 세상에서 '핏줄 족보'에 가장 신경 쓰는 민족은 배달민족이다.

- 성씨족보 '대동보'가 없는 집안은 큰 인물이 없는 평민집안 후손이다.

- 옛날부터 왕(王)족이나 귀족들은 '족보와 이름'을 잘 남겼고, 죽어서까지 명당에 묘를 잘 쓰고, 종묘사당에 위패가 잘 모셔지고 100년, 1,000년까지 제사를 잘 받고 그 자손들까지 잘 되었는바, 지금시대인들도 반드시 어느 분야에서 전문가가 되고 1등이 되어 성공출세로 부자가 되고 명예자가 되어서 자기 자신의 '이름 석 자'는 꼭 잘 남겨라~.

- 죽을 때 저승사자에게 끌려가면서부터 명부전의 염라대왕 앞 등 심판대에서는 이름 석 자로 '상과 벌'을 내리니, 지금 살아있을 때에 본인 이름으로 기부금을 많이 내어 '선행공덕'을 많이 쌓아두어라~.

- 특히, 신(神)을 모시는 신전·신당·문중제각 등을 건립하는 곳에 '기부금과 이름 석 자'를 꼭 올려라~.

- 평생 동안 아끼는 물건들 중에서 성물(聖物)·신물(神物)·민속물·옛날 고서책·민화그림·탱화·소장품 등을 '본인 이름'으로 국사당신전(神殿)의 박물관에 전시가 되도록 하여 영원토록 신(神)들로부터 축복을 받으라(증여 및 기부 문의는 010-5105-5000 국사당 박물관 대표).

- 사람은 죽기 진에 '선행과 이름'을 잘 남겨야 마지막 축복을 받는다…….

- 한국에는 현재 약 5,500개의 성씨와 문중이 있고, 숫자는 김씨·이씨·박씨·최씨·정씨 순서이다.

- 한국의 성씨제도는 삼국시대 때는 귀족에게만 사용되었고, 조선후기 때부

터 평민에게도 성씨가 사용되었으며, 1909년에 새호적제도 '민적법'시행으로 모두 성씨와 이름을 가지게 되었다.

- 핏줄족보에서 돌림자인 항렬은 '오행상생'을 꼭 따르고, 수생목 · 목생화 · 화생토 · 토생금 · 금생수 등으로 연결해서 이름을 잘 지어라.
- 후천운을 좋게 하고자 할 경우에 '이름 작용'은 정말로 중요하다.
- 이름을 지을 때는 부모와 아이 사주를 함께 보고 작명을 잘 하라.
- 이름을 지을 때는 글자표현과 부르기 좋은 이름을 작명하라.
- 이름을 지을 때는 의미와 이미지가 좋은 글자로 작명을 잘 하라.
- 자녀의 이름을 지을 때는 부모 이름자가 안 들어가야 하고, 획수 숫자가 좋아야 하며, 형제자매의 사촌들과 동명이 안 되게 지어야 한다.
- 이름을 지을 때는 반드시 운(運)을 좋게 작명을 하라.
- 이름을 지을 때는 반드시 복(福)이 따르게 작명을 하라.
- 모든 이름은 처음 지을 때 잘 지어야 하고, 나쁘다고 생각이 들거나 운이 안 풀리고 복이 안 따르거든 반드시 '개명'을 잘 하라~.
- 모든 이름과 상호의 작명 · 개명은 반드시 '전문가'에게 맡겨라.
- 밤하늘의 별만큼 많은 이름들 중 북극성 같은 '좋은 이름'을 지어라.
- 모든 성명과 상호의 이름들은 고유의 기운과 이미지를 그대로 전달한다.
- 상호작명은 무슨무슨 최고 전문가라는 '이미지'가 떠오르게 잘 지으라.
- 손님과 고객은 상호이름을 보고 · 듣고 그리고 연락을 해 온다.
- 잘 지은 상호이름은 고객을 창조하고 연결시키는 '출발점'이다.
- 유명인이 아니거든 간판과 상호에 사업주 이름을 넣지 말라!
- 상호이름은 회사와 상품이 잘 연상되도록 '특징적'으로 잘 지으라~.
- 브랜드 상표는 로고 · 색상 · 글자꼴 · 언어 · 이미지가 중요하다.

- 로고는 시각적 시선과 기억이 잘 되도록 '특징적'으로 만들어라.
- 상표와 로고는 등록을 해서 독점사용과 관리를 잘 해 나아가라.
- 회사와 가게의 상표 및 로고는 사업과 영업의 중요한 '자산'이다.
- 사업과 영업을 잘 하려면 웹사이트 이름을 잘 지으라.
- 웹사이트 이름은 하는 업무 또는 상품과 연상 및 연결이 잘 되고, 짧고 철자표현이 정확하고 쉽고 정체성 있게 잘 지어라.
- 웹사이트 도메인은 대중이 선호하는 것으로 하고 '등록'을 잘 하라.
- 도메인등록 및 사용은 유효기간 날짜를 넘기지 말고, 사전에 갱신 또는 자동갱신을 신청해서 계속 사용을 잘 하라.
- 사업 및 영업과 직업은 멀리보고 철저히 '계획과 준비'를 잘 하라~.
- 성공을 하려면 ① 목표 ② 계획 ③ 준비 ④ 실천 등 절차를 꼭 따르라~.
- 젊은이여! 앞날의 커다란 꿈과 야망 및 신념을 가슴속에 불태우라.
- 늙은이여! 아직도의 희망과 정열 및 사랑을 가슴속에 불태우라.
- 꿈과 희망 그리고 정열과 사랑은 위대한 창조성이고 행복이다.
- 이 세상의 생명 창조는 오직 살아있는 남·여의 '사랑행위' 때문이다.
- 생명 창조 남·여의 사랑행위는 인간최고의 권리이고 의무이다.
- 사랑행위는 살아있음의 존재감 표현과 즐거움의 최고수단이다.
- 사랑행위를 할 때는 두려움이나 저항감이 없이 상대에게 온전히 몸을 내맡겨 주어라.
- 사랑행위를 할 때는 호흡과 리듬을 계속 잘 맞추어라.
- 사랑행위를 할 때는 몰입을 하고 온몸으로 전율을 만끽하라.
- 온전히 한 몸이 되어 전율의 최고점에서 '무아지경'까지 이르러야 그것이 꿈같은 사랑이고 영혼끼리의 만남이 된다.

- 죽을 때까지 또는 죽어서도 잊지 못할 '사랑의 추억'을 만들어라.

- 사랑하기 위하여 행복하기 위하여 지금 살아있는 것이다.

- 사랑도 세월을 따라서 젊은 남녀는 '연정'으로 사랑을 하고, 중년의 남녀는 '애정'으로 사랑을 하고, 노년의 남녀는 '인정'으로 사랑을 하라.

- 부부 사이에는 서로에 대한 이해 및 배려와 사랑을 많이 해주어라.

- 늙어갈수록 부부 사이는 친구 같은 사람이 되어 주어라.

- 사랑과 행복 · 자아실현을 위해서는 반드시 '건강'을 잘 유지하라.

- 건강을 잘 유지하는 것이 성공과 행복조건의 제1순위이다.

- 평생 동안 일만 해온 사람은 은퇴 후 꼭 한 번은 '긴 여행'을 떠나라~.

- 여행은 자유와 휴식을 주고 자기성찰과 깨우침을 많이 안겨준다.

- 특히 질병치유와 기도여행은 바위산이나 바닷가로 조용히 떠나라.

- 홀로 산길과 바닷길로의 '트레킹'은 정신 건강까지 챙겨준다.

- 종교 추종의 순례는 다니지 말고, 스스로 '위대한 사람'이 되어라~.

- 인생을 주인공으로 살 것인가? 들러리 및 추종자로 살 것인가?

- 무엇에든 추종자는 주체의식과 영혼이 없어지는 '노예'가 되어간다.

- 살아있는 사람이여! 자기 자신을 일으켜세워 '주인공'이 되어라~.

- 사람의 몸과 마음 그리고 영혼은 서로 '상호작용'을 일으킨다.

- 인생에서 가장 중요한 것은 자기의식의 각성과 건강유지이다.

- 건강관리조차 못해 내는 사람은 결코 성공과 행복을 누릴 수 없다.

- 사람과 만물은 음양의 조화와 생기(生氣)로 생명이 유지된다.

- 사람도 자연에 속하니 자연의 섭리와 순리에 따라 행동을 하라~.

- 해가 뜬 후와 해가 지기 전의 '1일 2식법'으로 꼭 식사를 잘 하라.

- 1일 2식으로 '완전소화'를 하면 쉬 늙지 않고 병들지도 않는다.

- 삶을 100세 이상 잘 살려면 '아침 밥 먹기'를 반드시 실천하라~.
- 식사는 규칙적으로 · 골고루 · 적당히 '식사3대원칙'을 잘 지켜라.
- 사람에게는 무엇을 어떻게 먹는가가 평생 동안의 건강을 좌우한다.
- 음식물의 품질과 잘 먹는 방법이 '평생건강'을 잘 유지한다.
- 과음 · 과식 · 폭음 · 폭식 · 편식 · 불규칙 식사는 나쁜 식사법이다.
- 나쁜 식습관과 나쁜 생활습관을 '개선'하면 점점 잘 살게 된다.
- 나쁜 식생활습관의 개선은 모든 질병의 치유이고 또한 예방이다.
- 양약이든 한약이든 모든 약은 독이고, 독은 해독을 해야 하며 약을 많이 먹는 사람은 '간기능'이 나빠진다.
- 약물치료는 해당 부위는 낫게 하지만 다른 부위를 손상시킨다.
- 사람의 몸은 스스로 항상성을 유지하려는 '자율기능'이 있다.
- 건강상태가 나빠진다고 생각되면 즉시 '식생활습관'부터 개선을 하라~.
- 신선한 식재료에는 스스로 살아있는 '생명에너지'가 많이 들어 있다.
- 살아있는 생기(生氣) 생명에너지가 풍부한 신선한 야채 및 해초와 과일 그리고 신선한 생육고기와 생선회 등을 생(生)으로 꼭꼭 오랫동안 씹어서 잘 먹으라.
- 신선한 식품을 생(生)으로 먹으면서 '생명에너지'를 많이 섭취하라.
- 아무리 좋은 음식물이라도 필요 이상 섭취하면 독이 될 뿐이다.
- 한 번에 1인분 약 200g 이상 육류는 절대로 먹지 말라~.
- 성공과 출세로 부자가 된 사람들은 '쾌락시스템'이 작동된다.
- 맛있는 음식과 술 등을 스스로 '절제'하는 사람은 강한 사람이다.
- 육고기와 생선을 먹을 때는 반드시 야채와 해초를 함께 먹으라~.
- 육고기를 먹을 때는 마늘 · 양파 · 대파 등과 상추야채를 함께 곁들여 먹

고, 생선을 먹을 때는 생강·고추냉이·깻잎 등과 해초류를 함께 곁들여 먹으라.

- 특히 정신수행자들과 병약자는 음식을 잘 가려서 먹으라.

- 일반인들은 양체질과 음체질에 따라서 음식을 잘 먹으라.

- 한국사람 최선의 식단은 곡류 33%와 과일·야채·해초류 33%와 고기류 33%의 '333 균형 비율'로 골고루 잘 씹어 먹으라.

- 가장 좋은 식사법은 골고루 균형있게 또한 오랫동안 꼭꼭 잘 씹어 먹고, 조금 부족한 듯 먹어야 '완전 소화흡수'로 건강에 좋다.

- 가장 나쁜 식사법은 편식과 과식 및 패스트푸드식 그리고 성급하게 먹는 식사와 불규칙 식사 및 밤늦게 야식 등으로 건강에 나쁘다.

- 음식을 먹을 때는 침분비가 많도록 오랫동안 꼭꼭 잘 씹어 먹으라.

- 말린 나물과 말린 건어물 및 육포 등은 산화식품이니 꼭꼭 씹어서 침분비가 많게 하고 중화를 시켜서 잘 삼켜야 건강에 좋다.

- 자연해초류 톳·김·미역·다시마·파래·곰피 등은 좋은 식품이다.

- 생선은 흰 살 생선과 붉은 살 생선으로 구분하고, 붉은 살 생선은 공기와 접촉하면 산화가 빠르니 생선은 신선할 때 잘 먹으라.

- 모든 과일 및 열매와 근채소류는 '색깔을 골고루' 생(生)으로 먹으라.

- 흰쌀 백미보다는 '현미잡곡쌀'이 영양소가 더욱 풍부하다.

- 좋은 식사는 현미잡곡밥·김치·야채·버섯·해초류·고기 한 토막 등 골고루 꼭꼭 씹어서 먹고, 식후에는 과일 한 조각을 꼭 먹으라.

- 식사를 할 때와 식후에는 국물 또는 물을 절대로 많이 먹지 말라~.

- 밥은 골고루 백미·흑미·현미·찰미·납작보리·대두콩·강남콩·팥·녹두·귀리·조·수수·기장·율무·잣·은행·밤·대추·무우·곤드

레 · 다시마 · 톳 · 곰피 · 기타 등등 무엇을 섞든 반드시 5가지로 밥을 지은 '5색5곡밥'이 최고로 이상적이다.

- 건강유지와 함께 좋은 피부를 가꾸려면 과음 · 과로 · 스트레스 · 우울 · 불면 · 변비 · 숙변 등을 없애라.
- 좋은 피부를 만들려면 생선과 동물의 껍질 등 '콜라겐'을 먹으라~.
- 콜라겐은 피부 · 뼈관절 · 잇몸 · 눈 수정체 등에 도움을 준다.
- 사람의 피부는 20세 이후부터 1년에 1%씩 '노화'가 진행된다.
- 좋은 피부를 가꾸려면 잠을 잘 자고 과일과 생수를 꼭 마셔라.
- 평생건강을 위해서는 조금씩 적당하게 '생수(生水)'를 잘 마셔라~.
- 평생 건강을 위해서는 아침기상 후와 저녁 잠들기 전에 생수 3모금씩을 계속해서 '평생 동안'을 꼭 마셔라.
- 올바른 생수먹는 방법은 잠을 깰 때 3모금, 잠들기 전 3모금, 매끼니 또는 식사 기준의 중간공복에 3모금 그리고 식사 후는 1모금 등 하루에 5~6회는 반드시 '생수'를 마셔라.
- 운동 및 일을 할 때도 가끔 조금씩 '생수'를 꼭 마셔라.
- 몸속에 물이 많거나 한꺼번에 물을 많이 마시면 몸이 습과 냉으로 질병이 생길 수 있으니, 물을 너무 많이 먹지는 말라.
- 사람은 3일(72시간) 동안 물을 못 마시면 죽을 수 있다.
- 어떠한 위험에 처할지라도 물은 꼭 챙기고 잘 마셔라.
- 바다나 산속에서 조난당할 경우에도 꼭 생수를 찾아 마셔라.
- 사람은 물을 마셔야 살 수 있고, 생수(生水)는 최고의 '생명수'이다.
- 자연 생수는 미네랄이 풍부하고 가장 좋은 '생명에너지원'이다.
- 시판중인 과일주스 · 탄산음료 · 청량음료 등 가공음료에는 자연비타민 · 미

네랄 등 생명에너지가 적은 '나쁜 음료'들이다.

• 인공첨가제를 넣은 가공식품들은 대다수가 '나쁜 식품'들이다.

• 가열 및 가공을 한 죽은 음료보다는 각종 영양소 등이 살아있는 음료 천연 자연의 '생수(生水)'를 꼭 마셔라.

• 생수는 장에서 바로 흡수가 되고 혈액에 산소공급을 잘 하여 몸속 구석구석의 지방을 잘 태우니 '다이어트'에도 아주 좋다.

• 다이어트로 살을 빼려면 꼭 생수를 마시고, 음식을 오래 씹어 먹고, 운동을 계속하고, 폭식 · 과식 · 야식 등을 반드시 '금지'하라.

• 병원의 환자들도 가공음료수보다는 생수를 꼭 마셔라.

• 페트병 생수는 신선도가 중요하니 '제조 날짜'를 꼭 확인하라.

• 건강관리는 무엇을 어떻게 먹는가가 평생 동안 중요하다.

• 일반적으로 건강에 해를 끼칠 염려가 있는 음식은 '조심'을 하라.

• 특히 알코올은 간기능과 뇌기능을 망가뜨리고 빨리 늙어가게 한다.

• 화공약품 착색제 및 표백제와 방부제를 첨가한 식품은 먹지 말라~.

• 임산부는 알코올 · 커피 · 잔류농약 · 방부제 첨가 음식물을 먹지 말라~.

• 상온에서 부패하지 않은 음식물은 모두가 '방부제'첨가 식품들이다.

• 식품첨가제는 대다수가 '화공물질'로써 우리 몸에는 나쁘다.

• 비용이 조금 더 들더라도 이로운 자연물질 및 생약 사용을 검토하라.

• 육류는 항생제와 인공사료를 먹인 것보다는 무농약볏짚 및 자연방목 등으로 잘 키운 질 좋은 것으로 골라 먹으라.

• 생선은 항생제와 인공사료를 먹인 것보다는 '자연산'을 골라 먹으라.

• 조금 비싸더라도 유기농 재배 또는 자연산 식품을 골라 먹으라.

• 과일이나 채소는 햇볕을 듬뿍 받고 자연 노지에서 유기농 재배로 키운 제철

에 생산한 것이 우리 몸에 가장 좋은 식품들이다.

- 발효식품은 살아있는 효소 생명에너지가 많은 좋은 식품이다.
- 인체는 장내에 발효균과 유익균이 없으면 생명유지를 못한다.
- 인체의 장내에는 식이섬유 섭취와 효소로 '유익균'을 잘 유지하라.
- 매 끼니마다 반드시 한두 가지 '발효식품'을 함께 꼭 먹으라~.
- 무병장수를 하려면 '전통재래식' 된장·간장·김치 등을 꼭 먹으라~.
- 모든 사람에게는 자기 나라의 '전통발효식품'은 아주 좋은 것이다.
- 모든 열매와 과일은 자연이 만든 위대한 '생명에너지' 선물이다.
- 열매와 과일 그리고 뿌리근채소와 자연식품 등은 위대한 자연이 만들고 영
  원히 살려고 하는 '생명에너지'가 가장 풍부하게 들어있다.
- 생명에너지가 많이 들어있는 좋은 식품들을 골라서 잘 먹으라~.
- 이 세상에서 가장 훌륭한 의사는 자연식품과 좋은 식사법이다.
- 이 세상에서 가장 훌륭한 의사는 적당한 노동과 좋은 운동법이다.
- 이 세상에서 가장 훌륭한 의사는 마음병을 고치는 심의(心醫)이다.
- 이 세상에서 가장 훌륭한 의사는 영혼들의 병을 고치는 도사이다.
- 이 세상에서 가장 훌륭한 의사는 우주자연의 기(氣)치료법이다.
- 삶을 살다가 정신적으로, 육체적으로, 영적으로 힘이 들거나 또는 변화를
  주고 싶거든 자연기후가 좋을 때 1주일 또는 1개월 정도 특별기간을 정해
  서 오직 나 홀로 말없이 '묵언'으로 산길 또는 바닷길을 트레킹하면서 걷고
  또 걷고를 꼭 한 번씩 실천을 해보라. 최고의 '자연치유'가 될 것이다.
- 가끔씩 홀로앉아 침묵 속에서 자기 자신의 '내면 소리'를 들어라!
- 삶을 살다가 가끔씩 멈추고, 자기 자신을 한 번씩 잘 살펴보라!
- 삶을 살다가 가끔씩 자연 속으로 들어가 컴컴한 밤하늘의 빛나는 별들을 올

려다 보라!

- 삶을 살다가 가끔씩 자연 속에서 아침과 저녁의 노을을 보라!
- 삶을 살다가 가끔씩 자연 속에서 고요한 휴식을 하라!…….
- 아무리 좋은 음식도 체질에 맞지 않으면 오히려 해로울 수가 있다.
- 인체의 체질은 크게 따뜻한 '양체질'과 차가운 '음체질'로 나누고, '4상체질'로 나누며 체질에 따른 음식과 질병치료가 되어야 한다.
- 심장은 인체의 엔진이고, 간장은 인체의 화학공장이다.
- 인체의 화학공장인 간기능이 떨어지면 면역력이 약해지고, 염증이 발생되어 모든 질병으로 확대가 된다.
- 특히 우울증은 뇌기능의 이상에 의한 '심리장애 겸 빙의' 때문이다.
- 우울증은 '신끼'가 있는 사람만 걸리고, 마지막은 자살로 이어진다.
- 신경성 정신질환은 '신끼'가 있는 사람만 걸리고, 신(神)끼는 업보이다.
- 인체의 모든 질병의 근원은 유전인자와 기 허약 및 체에서 발생한다.
- 삶의 억눌린 감정들과 스트레스는 모든 질병의 원인이 된다.
- 스트레스는 신경계 · 내분비계 · 면역계 등의 질병을 초래한다.
- 스트레스는 모든 정신질환과 암 발생을 초래하는 나쁜 것이다.
- 스트레스성 질환은 적절한 분노 표출과 고요한 명상을 꼭 행하라~.
- 삶을 살다가 가끔씩 ① 큰소리로 웃거나 ② 큰소리로 울거나 ③ 큰소리로 비명을 질러보거나 ④ 강하게 물건을 두들겨 때리거나 ⑤ 격렬한 운동 등을 하면서 '감정청소'를 잘 하여라.
- 진실한 고백과 적당한 분노 표출은 '심리치료'의 좋은 방법이다.
- 운(運)이 나쁜 사람에게는 여러 가지 질환 및 질병과 우환이 따른다.
- 형제 및 자매 중에서도 가장 운(運)이 나쁜 사람은 '전생업보'이다.

- 운(運)이 나쁜 사람의 몸은 조상영혼 및 귀신들의 안식처이기도 하다.
- 자폐증 · 정신착란증 · 조현병 등은 선천성 정신질환이다.
- 혼잣말을 중얼거리는 정신분열증은 선천성 및 후천성 정신질환이다.
- 섹스중독 및 습관적 성 자위 행위는 타인 영혼의 '빙의' 때문이다.
- 각종 난치병과 불치병은 90%가 그러한 타인 영혼의 '빙의' 때문이다.
- 술주정과 음식과욕은 대다수가 조상 및 타인 영혼의 '빙의' 때문이다.
- 우울증과 자살충동은 대다수가 그러한 타인 영혼의 '빙의' 때문이다.
- 각종 장애 및 정신질환은 조상 및 전생의 '업(業)작용' 때문이고, 현재는 대부분 조상 및 타인 영혼이 몸속에 들어온 '빙의' 때문이다.
- 조상 및 타인영혼의 빙의(귀신병)는 즉시 '영혼분리'를 꼭 해주어라~.
- 몸속에 달라붙어 있는 조상 및 타인영혼만 떼어내면 즉시 낫는다!!
- 선천성이든 후천성이든 빙의이든 각종 장애 및 정신질환은 반드시 신통의술 및 도술로 '특수치료'가 꼭 필요하고, 정확한 원인진단과 특수치료로 해결을 할 수 있다!!
- 각종 불치병 및 난치병과 귀신병 및 빙의 그리고 괴질 및 원인을 모르는 질환 등은 도사의 '신통의술'이 대안이다!!
- 특히 암발생은 유전적인 원인과 심리 · 정신 · 환경 등 나쁜 원인들과 빙의에 의해서 이상세포가 만들어지고 무한증식을 하는 것이다.
- 각종 암발생은 그렇게 죽은 조상핏줄내림유전성이 90%이니, 암으로 죽은 '조상영혼치유와 핏줄운(運)내림 소멸'을 꼭 해주어야 한다!!
- 모든 불치병 및 난치병은 ① 전생업 ② 핏줄유전 ③ 빙의 때문이고, 위의 3가지만 해결하면 불치병 및 난치병은 99% 해결이 된다…….
- 삶을 살아가다가 암에 걸리거나 또는 불치병과 난치병에 걸리거나 또는 질

병의 원인을 모르거든 1류급 도사에게 '운명진단 및 상담'을 꼭 받으라~.

• 정확한 '운명진단 및 상담'으로 숨은 원인들과 최선의 치료법을 찾아내어 병원에서 고칠 것은 병원에서 고치고, 그러나 병원에서 못 고치는 것은 마지막 방법으로 '신통도술초능력과 권능'으로 고쳐라~.

• 사람 개인의 타고난 사주와 손금에는 '약 100가지의 운명정보'가 다 나타나 있고, 몇 살 나이에 어떻게 죽을 것인가?가 정확하게 나타나 있기 때문에 운명 속의 예정된 수명나이와 유전성 및 전생(前生) 등을 알아내면 최선의 '치료법'을 완벽히 찾아낼 수 있다.

• 특히, 췌장암 · 폐암 · 간암 등 환자와 심장박동기 · 신장투석 환자와 심장질환 및 고혈압 · 당뇨병 등 모든 환자들과 특별히 손금의 생명수명금이 짧은 사람들은 반드시 자기 자신의 타고난 '수명운'을 꼭 알아두어라~.

• 각 개인의 타고난 사주와 손금의 '수명운'은 정말로 가장 중요하다!!

• 수명운이 나쁜 사람만 불치병에 걸리고 큰 사고를 당하고 빨리 죽는다…….

• 이 책을 읽는 독자들에게만 하늘의 비밀 '운명천기누설'과 함께 삶에서 정말로 중요한 고급정보들을 제공하니, 책 내용을 꼭 '기억'해 두어라~~.

• 사람은 살아있는 동안까지는 '운동과 노동'을 계속해야 한다.

• 몸을 따뜻하게 하면 면역력이 높아지니 항상 '체온'을 잘 유지하라.

• 사람의 신체는 낮과 밤의 태양주기에 따른 '생체리듬'이 작용한다.

• 생체리듬에 따라 낮에는 활동을 하고, 밤에는 반드시 잠을 자라.

• 깊은 밤에는 잠자리에 꼭 들고 반드시 '숙면'을 잘 취하라.

• 인체는 잠을 잘 자야 원기회복과 면역력이 상승된다.

• 인체는 잠을 잘못 자거나 과로를 하면 백약이 다 무효하다.

• 잠을 자는 침실은 반드시 소음과 빛을 '완전차단'을 잘 시켜라~.

- 호흡은 코로 하고 가끔씩 심호흡과 복식호흡으로 '개선'을 하라~.
- 사람의 호흡은 나이 들어가면서 점차로 위로 올라와 가슴호흡을 하다가 마지막은 목에서 깔딱깔딱하다가 죽는다.
- 호흡이 급하고 얕고 위로 올라오거나 맥박이 빠르면 '단명'을 한다.
- 호흡은 천천히 깊숙이 '복식호흡'을 습관화시켜나가라~.
- 긴장이 되거나 또는 화가 날 때는 '심호흡'을 꼭 해 보라~.
- 깊은 심호흡을 하면 몸이 이완되고 감정과 마음이 가라앉는다.
- 가끔씩은 천천히 '깊은 호흡'을 하면서 들숨과 날숨의 호흡을 느껴보라~.
- 호흡을 조용히 느리게 하면 수명이 30% 이상 늘어난다.
- 자주 누우면 빨리 죽고, 많이 걸어야 오래 산다.
- 나이가 들어갈수록 반드시 '근력운동'을 꾸준히 해 나가라.
- 근력운동은 언제 어디서나 '평생 동안'을 계속하라.
- 매일 대변은 1번씩, 소변은 5번 이상으로 '배출'을 잘 시켜라.
- 대체로 잘 먹고, 잘 싸고, 잘 자면 건강유지에 이상이 없다.
- 인생살이에 진짜 중요한 것은 정신적 평안함과 생명에너지이다.
- 인생을 잘 살고 싶거든 입·코·뇌로 '생명에너지'를 흡입하라.
- 우주하늘자연의 생명에너지를 흡입하는 가장 좋은 방법은 '명상'이다.
- 명상과 참선 등의 정신수련은 '동양정신문화'의 최고 진수이다.
- 모든 외부적 권력은 허업(虛業)이니, 진짜 '삶의 본업'을 잘 찾으라.
- 진짜 삶의 본업은 '명상'을 통한 의식의 각성과 최고의 깨달음이다!!!
- 나의 진짜 주인공은 나의 의식과 영혼이고 육체는 집일 뿐이다.
- 육체적으로 호의호식을 위한 '보편적 성공'을 하고, 그 다음에는 반드시 '정신적 성공'을 이루어야 진짜 삶의 성공이다.

- 진짜 삶의 성공을 위해서는 생각·정신·마음·영혼을 중요시하라~.
- 기도는 간절한 소망이고, 명상은 비움 속의 충만이다!!
- 생활명상을 배우고 터득하여 실천을 하면 모든 종교들이 필요없다.
- 종교들의 기도는 바람의 욕망이고, 명상은 모든 욕망의 '초월'이다.
- 명상은 인체의 감각신경들을 '자신의 내면'으로 향하는 정신수련이다.
- 자기 자신의 의식을 각성시키는 가장 좋은 방법이 '명상'이다.
- 명상은 흐름의 주시이고, 명상수행자는 주시자가 되는 것이다.
- 주시의 방법은 강가에 앉아서 흐르는 강물을 바라보는 것처럼 하라.
- 자기 자신의 내면적인 느낌·감정·사념 등을 잘 '주시'를 하라~.
- 주시를 잘 하면 주인공이 되고, 휩쓸리면 끌려다니는 노예가 된다.
- 모든 감정발생과 마음작용을 지켜보는 '주시자'가 되면 결코 휩쓸리지 않게 되고, 스스로 핵심과 본질을 잘 알게 되어 '주인'이 된다.
- 마음은 변덕과 변심을 잘 하고, 자기합리화를 위해 핑계와 구실로 변명을 잘 하며 교활하게 속임수를 잘 부린다.
- 항상 자기 자신의 마음을 '주시'하면서 긍정심과 한마음으로 나아가라.
- 오직 주시만이 마음작용의 속임수에 끄달리지 않고 '주인'이 된다.
- 모든 기도와 명상을 할 때는 '기(氣)흐름'을 주의깊게 주시를 잘 하라~.
- 신(神·God)은 빛(Light)과 소리(Sound)로 의사 전달을 한다.
- 항상 우주하늘자연 존재적 신(神)들의 빛과 소리를 잘 들어라~.
- 기도와 명상을 시작할 때는 1시간 정도의 예상한 시간만큼 스마트폰 등 외부방해물과 잡생각 등 내부방해물을 모두 없애라.
- 기도와 명상을 하는 장소는 오염되지 않은 생기(生氣)가 넘치는 자연속이나 또는 특별한 장소나 또는 방에서 하라.

- 명상 · 묵상 · 참선 등을 할 때는 눈을 감고, 내면의 눈으로 몸과 마음의 상태와 변화흐름을 잘 '의식'을 하라.
- 주시하는 '의식'이 당신의 가장 내밀한 핵심이고 주인공이다.
- 마음의 중심을 '호흡'에 올려놓고 들숨은 깊게 날숨은 길게 하라~.
- 사람의 호흡은 심리상태와 긴밀하게 연관이 되어 있다.
- 날숨을 길게 내쉬면 '이완'이 잘 되면서 스스로 안정과 평온이 된다.
- 고급기술인 '신통술기도와 초월명상'을 하고자 할 때는 반드시 이마의 가운데 부위 '상단전명궁'에 의식을 집중시키고 몰입을 계속하라~.
- 이마의 가운데 부위 '상단전명궁'속에는 전두엽이 있고, 전두엽은 뇌의 총사령부 역할을 한다.
- 뇌의 총사령부 앞이마 상단전명궁은 모든 '정신수련'의 중요한 곳이다.
- 기도와 명상 등 '정신수련'을 행할 때는 우주하늘자연의 기운(氣運)이 몸속으로 들어오고, 몸에 '진동과 떨림'이 일어나면 자연스레 온전히 내맡기고, 느끼는 대로 멈추지 말고 계속 따라 가면서 충족히 될 때까지 온몸으로 기(氣)에너지와 하나가 되면서 '삼매지경'까지 이르러라~.
- 처음부터 끝날 때까지 그 과정을 관찰 및 관조로 '주시'를 잘 하라~.
- 삼매지경에 도달해야 '초월의식'이 되면서 시간과 공간이 없어지고, 과거로 미래로 또한 이곳에서 저곳으로 '순간이동'이 가능해지고, 모든 신(神 · God)들을 직접 볼 수도 있고 의사소통을 할 수 있게 된다.
- 모든 명상기도는 완전히 몰입이 된 삼매지경의 '순수상태'에 들었을 때 그때야 비로소 '우주하늘자연과 합일체'의 세계가 열리게 된다.
- 삼매지경의 '초월의식과 순수의식'이 되어야 스스로 "아뇩다라 샴막 삼보리"가 증득되고, 전지전능으로 해탈경지의 붓다가 되는 것이다.

- 초월명상기도로 신통도술의 초능력을 가지면 그대로 몸을 가진 신(神·God)의 경지가 될 수 있고, 이것이 손도사의 '신통술초월명상' 특수기도 방법이고 가르침이다……
- 모든 기도와 명상은 일념(一念)에서 무념(無念)으로 진행을 하라~.
- 축복을 받고 싶은 사람은 오직 복(福)을 주는 신(神)만을 불러라~.
- 죽을 때까지 희망고문인 불확실한 죽은 후의 천국행 및 극락행의 축복을 기대하기보다는 살아있을 때의 '확실한 축복받음'을 빌어라~.
- 살아있을 때 행복하지 못한 영혼은 죽은 후의 축복이란 결코 없다.
- 살아있을 때의 축복을 주는 신(神)은 '천복대신'이 최고이다!!
- 특히, 돈복을 얻고자 할 때는 '천복대신(天福大神)'을 불러라. 천복대신을 4박자 리듬으로 '주문(呪文)처럼' 100일 이상을 계속 외워라~.
- 천복대신을 100일 이상 계속 외우면 대박으로 반드시 '횡재'를 얻는다.
- 천복대신을 부르면 하늘복(天福)이 내려오고 '소원과 소망'을 이룬다.
- 일정한 반복된 소리를 계속하면 인체의 뇌에 '화학작용'이 일어난다.
- 사람의 뇌는 특정한 '주제방향'으로 더욱 팽창을 하려한다.
- 뇌는 모든 동물과 사람의 신체기관 중에서 가장 중요하다.
- 뇌의 질량은 약 1.5kg이고, 몸무게의 약 2%이며, 유전자의 약 80%가 두뇌에 할당되고, 최고 약 1억 개의 뉴런 '신경망'으로 연결되어 있다.
- 사람의 뇌는 세상에서 가장 정교한 신경기계장치이다.
- 사람의 뇌는 무엇인가 열중할 때마다 그 방향으로 '변화'를 계속한다.
- 뇌는 특정한 주제를 100일 이상 계속하면 '뇌 회로'가 새로 형성이 된다.
- 집중으로 공부와 기도 및 명상 등을 할 때는 100일 이상을 계속하라~.
- 기도와 명상을 할 때 뇌파동은 관련된 '우주하늘자연존재계'의 주파수와 상

호연결이 되고, 반드시 주파수가 맞아야 '반응과 응답'이 주어진다.

- 염력과 뇌파 및 텔레파시 그리고 신통력은 '무한개발'이 가능하다.
- 진정한 삶의 목표인 자기 자신의 영혼진화와 영혼구원을 소망하는 사람은 먼저 신통술기도로 '신통'부터하고, 그 신통력과 초월명상으로 점점 의식을 각성시켜서 알아차림과 고차원의 '깨달음'을 이루어 나아가라~.
- 사람의 뇌와 의식은 저차원에서 고차원까지 '여러 단계'가 있다.
- 보통사람들은 90% 정도가 '무의식상태'로 그냥 일상생활을 한다.
- 무의식상태의 그냥 삶에서 의식을 가진 삶을 꼭 살아가야 한다!
- 의식과 의식의 각성은 잠에서 깨어나는 '정신 차림'과 같다.
- 사람은 의식과 잠재의식이 합칠 때 최고의 '뇌능력'을 발휘한다.
- 잠재의식 속에는 지난 전생 과거의 기억들이 모두 '저장'되어 있다.
- 명상과 참선 등을 수련하면 잠재의식을 표면의식으로 끌어 낼 수 있고, 의식은 표면의식 · 잠재의식 · 심층의식 · 초월의식 · 우주의식 · 순수의식 등으로 구분을 하고 또한 '무한정 개발'이 가능하고 증명할 수도 있다…….
- 모든 의식세계의 끝을 지나면 밝은 흰빛의 '순수본성'을 만날 수 있다.
- 순수의식과 순수본성을 가진 영혼체는 육체에서 분리되어 '유체이탈'도 가능하고, 우주하늘자연계에 '순수에너지'로 존재하게 된다.
- 보통의식이 신통의식 · 초월의식 · 우주의식 · 순수의식까지 이를 때 비로소 순수에너지로 변환이 되어 인간이 '신(神)'이 될 수 있는 것이다…….
- 인간이 신(神)으로 승격이 되면 초능력의 '전지전능자'로 존재하게 된다.
- 초능력의 전지전능자가 되고자 하는 방법이 '천기신통초월명상'이다!
- 천기신통초월명상은 누구나 '신통력'을 가질 수 있는 최고 기도법이다.
- 천기신통초월명상을 하면 자연스레 7가지 신통력이 생기고, 이마 가운데

제3의 눈이 열리고 스스로 '도통'을 얻게 된다.

- 천기신통초월명상을 하면 최고의 깨달음 "아뇩다라 샴막 삼보리"를 빠르게 증득할 수 있다.
- 천기신통초월명상을 하면 운(運)을 마음먹은 대로 움직일 수 있다.
- 천기신통초월명상을 하면 마음대로 유체이탈과 하늘로 올라갈 수 있고, 또한 마음대로 환생과 부활을 할 수 있다!
- 천기신통초월명상으로 정신완성을 이룬 고급영혼은 '영생불사'가 된다!!
- 빈손으로 왔지만 빈손으로 가지 말라. 반드시 '깨달음'을 이루어라~.
- 깨달음을 이룬 '고급영혼'은 영원한 자유를 얻고 행복을 누린다.
- 진정한 삶의 행복은 삶의 본질을 깨달아 '완성'을 이루는 것이다……
- 인생의 '우선순위'는 현실을 직시하면서 지금 하고 있는 것을 꼭 성공시키고, 큰돈을 벌어보고, 권력도 잡아보고, 그리고 다음으로는 정신세계 영혼을 위한 진정한 '깨달음의 행복'을 꼭 찾아 보아라~.
- 돈은 삶의 귀중한 방편이고, 깨달음은 삶의 귀중한 목표이다.
- 깨달은 사람만이 깨우침을 줄 수 있고, 빛만이 어둠을 밝힐 수 있다.
- 종교들의 희망고문인 죽은 후 극락행과 천국행에 결코 집착을 말라!!!
- 모든 집착은 미끼 속의 낚싯바늘처럼 '구속과 노예'로 만들어 버린다.
- 종교들의 거짓 세뇌 및 굴레의 구속과 노예로부터 즉시 '탈출'을 하라~.
- 21세기 자본주의와 제4의 큰 물결 기술과 정신의 '혁명시대'에, 3천년 전에 만들어진 옛날 종교와 신흥 사이비종교 등 종교에 빠진 사람들은 대다수가 선량하지만 무식하고, 무능하고, 나약하고, 가난뱅이들이다.
- 제4의 큰 물결 정신혁명시대에는 종교들도 반드시 '개선'이 되어야 한다!
- 자연의 섭리와 순리를 알고 도리를 따르면 그것이 '삶의 본질' 도(道)이다.

- 도(道)는 태초부터 모든 학문과 종교들의 '근본이고 시원'이다!!
- 삶은 반드시 잘 살아야 하고, 나이 들고 노년이 되거든 이제 '무욕(無慾)의 경지'에 올라 다 내려놓고, 인생의 마지막 단계 공(空)으로 돌아가는 준비를 잘 해야 한다…….
- 삶의 마지막 정리와 저승 가는 준비를 못하면 허사가 된다…….
- 혼돈과 불확실한 21세기 금세기에는 많은 '대재앙'들이 발생을 한다.
- 금세기의 대재앙은 세계 도처에서 발생하는 '바이러스 괴질' 전염병이다.
- 금세기의 대재앙은 지진·화산폭발·가뭄·홍수·태풍·큰 전쟁 등이다.
- 우리는 현재 다양한 생명위기의 '재앙들' 앞에 노출되어 있다.
- 어떠한 시련과 고난이 닥칠지라도 우리는 살아 남아야 한다.
- 끝까지 살아남아서 반드시 승리의 역사를 만들어 가야 한다.
- 육체는 죽을지라도 '선택받은 이름과 영혼'은 결코 죽지 않는다.
- 선택받은 이름과 영혼이란 '선행공덕'을 많이 행한 사람의 이름과 많은 깨우침으로 '깨달음'을 이룬 금강석같은 정신을 가진 영혼이다!
- 정신력이 똘똘 뭉치면 스스로 우주공간에서 '영생불사'로 존재하게 된다!!
- 살아있을 때도 잘 살고, 죽어서도 잘 사는 그 '방법'을 꼭 배우라~.
- 21세기에 가장 잘 사는 성공적인 삶은 ① 부유함 ② 무병장수 ③ 깨달음 등을 함께 '인생 3박자'로 성공시키는 방법론의 실천이다…….

이상 위에 기록한 생존과 성공기술 그리고 많은 깨우침과 행복을 위한 '손도사 어록'은 불특정다수의 '보통사람들'을 위해서 필자가 평생 동안 공부하고 체험한 것들의 '경험지식'을 직접 육필로 글을 써서 진심으로 가르침을 주고자 한 것들입니다.

이 책은 책 100권 분량의 지식들을 책 1권에 함축한 '종합 실용지식 전달'의 좋은 책이고, 21세기 현대인들의 '필독서'라고 진심으로 생각합니다.

공감과 동의를 하십니까?

동의를 하신 독자님들은 성공출세와 부자가 되어 행복하게 됩니다.

이제, 이 책을 읽은 독자분들은 이 책을 '한 가정에 1권씩' 꼭 보관을 하면서 가끔씩 또는 어려움에 처해 있을 때 또다시 읽어보면서 한평생 동안 인생 3박자 · 3단계 · 3위1체론적 성공방법의 '지혜'와 인생살이의 '지침'으로 또한 '등대불'로 꼭 삼으시길 진심으로 바라는 바입니다.

어떤 경로를 통하든, 이 책을 읽고 나서 책 내용이 '참 좋구나!' 또는 인생을 잘 살기 위해 '꼭 필요하구나!'라고 생각이 되면 SNS에 '좋은 책 추천'으로 정보공유와 함께 추가로 '책 구입'을 해주고, 또한 친구 · 친척 및 사랑하는 자녀들에게 그리고 사람들에게 선행으로 '책 선물'을 많이 해주시길 진심으로 바라는 바입니다.

이 책의 구입과 추가구입 방법은 발행한 출판사 및 총판 또는 교보문고, 영풍문고, 반디앤루니스, 계룡문고, 영광도서, 탐라도서 등 '전국서점'에 또는 예스24, 알라딘 · 인터파크도서 · 커넥츠북 · 도서11번가, 쿠팡, 인터넷 교보문고, 영풍문고 등 '온라인서점'에 책 주문을 하시면 언제나 또는 누구나 '책 구입'이 가능합니다.

스마트폰으로 책 제목을 '검색'하면 즉시 책 구입이 가능합니다.

책 한 권으로 평생 삶을 잘 살 수 있다면 투자할 만하지 않습니까?!

이 책을 한 번이라도 읽은 사람들은 평생 동안 잘 살게 됩니다…….

이 책의 원제목은 '한 번 읽고 영원히 잘 사는 운명천기누설의 보물책'으로 물질과 정신이 함께 부자가 되는 많은 가르침과 반드시 잘 살기 위해서는 꼭 한 번씩 읽어둬야 하는 '21세기 필독서'입니다.

　필자는 모든 사람들 및 영혼들의 번뇌와 고민 그리고 가난과 질병 그리고 불행과 죽음 등의 고통으로부터 진심으로 '도움'을 주고자 합니다.

　모든 사람들을 성공 및 출세와 부자 및 무병장수로 만들어주고, 모든 영혼들을 극락 천국으로 인도해 드리겠습니다…….

책 마무리 글

우리들 인생의 큰 화두, 나는 누구인가? 너 자신의 운명을 알라!!

'나는 어디로부터 와서 이 세상을 어떻게 살다가 언제 어느 곳에서 어떻게 죽게 될 것이며, 죽어서 내 영혼은 또다시 무엇이 되어 또 어디로 가게 될 것인가???……'.

우리 모두의 삶은 저 멀리 과거의 전생(前生) 때부터 몸을 바꾸어 계속 살아왔고, 그리고 가장 귀중한 지금의 삶을 또 살아가고 있습니다.

이 세상에 태어날 때는 지은 대로 되받은 인과응보의 업살(業煞)과 부모핏줄의 유전성으로 좋게 또는 나쁘게 등 태어나지만, 어떻게든 진리와 진실을 알아내고 모든 방법을 써서라도 운(運)을 좋게 하여 성공·출세·부자가 되어야 하고, 아프지 않고 100세까지 살아야하며 반드시 행복해야 하고, 아는 것이 많고 깨우침이 많아야 삶의 궁극적인 목표인 영혼의 진화가 되고, 등급이 높은 영혼들만 극락천국으로 영혼구원 받을 수 있음을 '선언'합니다.

타고난 운명도 모르고, 운때도 못 맞추면서 그냥 열심히만 하다가 손해 및 실패를 당하고, 개인파산을 당하고, 업살(業煞)로 인한 고생과 빙의 및 귀신병으로 고통을 당하면서 많은 사람들이 어제도 오늘도 맹신적으로 자신들이 숭배하는 신(神)들께 기도를 하지만, 방법이 틀리거나 주파수가 안 맞거나 또는 가르쳐주는데도 그 말씀들을 듣지 못할 경우에는 어떻게 해야 할까요?

99%의 보통 사람들을 위해서 '신통도술'의 손도사가 존재하는 이유이고, 손도사는 사람들과 영혼들을 모두 잘되게 해드리기 위해 오늘도 '신통술초월명상'을 하면서 우주하늘자연과 합일체가 되어 신선(神仙)처럼 살아가면서 '집착 않는 소유'로 경제활동과 특수사업 및 공익사업을 진행하고 있습니다.

특수사업 중에는 우리나라 국운(國運)을 일으키기 위해 개인소유하고 있는 땅, 한반도 백두대간 최고명당자리 '강원도 속초시 도문동 산306번지' 4만 평과 '경상남도 하동군 화개면 범왕리 산 100번지' 2만 평 등에 나라와 백성이 잘 되게 하기 위해 공익사업으로 '대한민국 신전(神展) 국사당' 건립을 준비해 나아가고, 세계인류발전을 위해서는 세계인 공통적용 100% 정확한 '손도사 손금풀이'를 세상 끝까지 보급을 하고 있습니다.

손도사는 공익사업과 특수사업 등을 하면서 지난 30년 이상 동안에 본명 손재찬 또는 손도사·대산도인 등 필명 5개로 책 50권을 저술 출간한 천재저술가이기도 합니다.

손재찬 도사는 이 세상에 왔다 가면서 이름 석 자와 운명정보 손금풀이 및 좋은 글을 남기고자 하고, 사람과 영혼들을 잘 되게 해드리고사 합니다······.

이제 이 책의 '마무리'를 하고자 합니다.

이 책을 접하고 손도사를 꼭 한 번 만나고 싶은 사람들은 세상 어디에서든 또는 누구든 연락을 바랍니다~.

손도사는 빈·부·귀·천을 구분 않고 누구든 만나드립니다.

찾아온 사람들에게는 한없이 낮은 자세로 친절하게 만나주고 있습니다.

모든 종교를 포용하는 대한국의 신전(神殿) 국사당이 완성되는 2040년까지만 종합운명진단과 상담 그리고 특별치유 등을 해 줍니다…….

손도사는 현재 아무런 구속의 굴레 없이 살면서 대외적인 사업업무는 가끔 서울 종로3가 '국일관' 사무실에서 사람을 만나고, 상담업무는 서울 태릉지역의 지하철 1호선·6호선 '석계역' ③번 출구 10m 앞에서 상담을 합니다.

주소는 서울 노원구 화랑로 355, 우남 101동 201호입니다.

서울 손도사 상담실은 대중교통과 자동차 '무료주차'가 편리합니다.

손도사를 찾아 올 때는 반드시 사전에 '전화예약'을 하고, 손도사가 있는 곳으로 직접 본인 또는 당사자가 찾아오셔야 더욱 정확한 상담을 해드립니다.

평생 꼭 한 번, 만남예약은 010-5105-5000번입니다.

글내용 속에다 '정보제공'을 해주는 것은 필자의 도움이 꼭 필요한 사람들에게 진심으로 '도움'을 주기 위해서이고, 이 책에 세상 최고의 '고급지식운명정보'를 가르쳐 드리면서 간접홍보로 끼워 넣음을 양해바랍니다.

손도사는 이 책 저술에 사실과 진실 그리고 진리만을 기록하였습니다. 하늘의 순리를 따르다보니 필자도 이제 환갑을 훌쩍 넘겨 버린 나이이기 때문에 후인들을 위해 그리고 가난하고 고통받는 사람들을 위해 그리고 영혼들을 위해서 이 글을 썼습니다.

혹시나, 지난날 필자의 글을 한 번이라도 읽었던 독자분은 두 번씩이나 필자와 깊은 '인연'이라 생각해 주시길 바랍니다. 사람과의 만남은 전생으로부터의 인연 때문입니다.

21세기 불확실시대에 진심으로 사람들에게 '공개전달'을 드립니다.

혹시나, 현재 이런저런 사정 때문에 영업장사가 망하고 있거나 또는 사업이 부도 직전이거나 또는 취업 및 승진이 안 되고 있거나 또는 결혼을 못 하고 있거나 이혼 및 재혼을 생각 중이거나 또는 투자손해를 당하고 있거나 또는 관재구설 및 망신살·역마살·고독살·우울살·종교세뇌로 인생을 망치는 맹신살·평생 가난의 빈천살 등으로 불행하거나 또는 불치병·난치병·암·귀신병 및 빙의와 신(神)끼 때문에 고통스럽거나 또는 정말로 운(運)이 안 풀리거나 또는 나쁜 핏줄운내림으로 집안이 안 풀리거나 또는 노후준비가 안 되어 있거나 마지막 편안한 죽음준비가 안 되어 있는 사람들과 정말로 자기 자신의 인생과 사랑하는 자녀들의 인생을 성공 및 출세로 부자가 되고 싶고 행복하고 싶은 사람들은 경영학·경제학·금융학·부동산학·동양철학·주역학·신령학·종교학·민속학·신통초월명상술·대체의술·점(占)술·운명치료술 등의 '만능박사 겸 신통도술'을 가진 필자 손도사를 꼭 한 번 찾아오시길 바라고, 누구나 살아있는 동안에 필자를 꼭 한 번은 만나야 함을 전달 드리는 바입니다…….

신분이 누구든 또는 무엇이든 찾아와서 물어보시길 바랍니다~~.

손도사 손금풀이가 딱 들어맞은 사람은 꼭 찾아오시길 바랍니다~~.

평생 동안에 딱 한 번 정확한 종합운명진단(사주+얼굴+손금+영혼=100% 적중)과 신통도술로 당신의 인생을 반드시 '성공'시켜 드립니다.

손도사는 손님으로 찾아온 사람들에게는 저마다의 타고난 '평생운명진단감성'을 해주면서 인생방향제시 및 직업운·취업운·승진운·사업운·재물운·횡재운·문서운·이사운·매매운·성공운·실패운·파산운·관재수와 감옥운·송사운·질병과 건강운·궁합과 결혼운·이혼과 재혼운·노년운·선거출마운·당선운·출세운·수명운 그리고 죽은 후의 심판운까지 등을 정확히 점(占)봐 드리고, 신통도술로 각종 핏줄내림우환과 업살풀이·빙의성·귀신병 등 특수치료와 수명이음 등을 해 주고, 조상천도와 영혼들 구원까지 해주면서 저마다의 삶을 반드시 '성공'으로 이끌어줍니다…….

끝으로, 필자가 평생 동안 직접 체험으로 얻은 경험지식을 기록한 이 '보물책'을 학술연구자료로 대학도서관과 삶의 정보전달로 공공도서관 등에 '비치용'으로 전달하면서 함께 절반 정도는 전국의 유명서점과 온라인 서점에 유통을 시키는바 혹시나 비치용이 없는 교육청과 학교들 및 학원에서는 '별도구입'을 해주시길 바라고요, 이 책을 읽고 책 내용이 정말로 유익하다고 생각되시면 사랑하는 가족친지와 친구들에게 도서추천과 선물용으로 또한 한 가정에 한 권씩 '필수구비용'으로 추가구입을 당부드립니다~~.

필자는 마지막으로 펴낸 이 책이 많은 사람들에게 전달이 되고 또한 읽혀지고 그리고 모두가 함께 잘 살기를 진심으로 소망합니다…….

21세기 지성 실용철학가 大山 손도사 전함.